Hopf分叉和非线性动力学

基于若干经济系统的研究

HOPF BIFURCATION AND
NONLINEAR DYNAMICS:
BASED ON STUDY OF
SEVERAL ECONOMIC SYSTEMS

凯 歌◎著

本书得到国家自然科学基金青年项目"内蒙古草原植被生态系统的高维非线性动力学研究"（项目编号：11902163）、中国博士后科学基金第66批面上资助"西部地区博士后人才资助计划"项目"内蒙古牧区草原生态经济系统的非线性动力学研究"（项目编号：2019M660003XB）、中国博士后科学基金第13批站中特别资助（内蒙古自治区唯一获批一项）"内蒙古半干旱地区牧草生态经济系统的生态阈值和高维非线性动力学研究"（项目编号：2020T130328）、内蒙古自治区高等学校科学技术研究自然科学一般项目"内蒙古草原植被生态经济系统的非线性动力学研究"（项目编号：NJZY20159）等项目的支持。

经济管理出版社
ECONOMY & MANAGEMENT PUBLISHING HOUSE

图书在版编目（CIP）数据

Hopf 分叉和非线性动力学：基于若干经济系统的研究／凯歌著. —北京：经济管理出版社，2019.12

ISBN 978-7-5096-6979-2

Ⅰ. ①H… Ⅱ. ①凯… Ⅲ. ①霍普夫分枝—应用—经济分析 ②非线性系统（自动化）—应用—经济分析 Ⅳ. ①F224.12

中国版本图书馆 CIP 数据核字（2019）第 301790 号

组稿编辑：王光艳
责任编辑：魏晨红
责任印制：黄章平
责任校对：王淑卿

出版发行：经济管理出版社
　　　　　（北京市海淀区北蜂窝 8 号中雅大厦 A 座 11 层　100038）
网　　　址：www.E-mp.com.cn
电　　　话：(010) 51915602
印　　　刷：北京晨旭印刷厂
经　　　销：新华书店
开　　　本：720mm×1000mm /16
印　　　张：9.25
字　　　数：117 千字
版　　　次：2020 年 11 月第 1 版　　2020 年 11 月第 1 次印刷
书　　　号：ISBN 978-7-5096-6979-2
定　　　价：68.00 元

前　言

在经济系统中，有许多问题的数学模型和动力学方程都可以用非线性系统来描述，如何研究针对这些经济学实际问题所建立的非线性动力学模型是经济学领域中非常重要的研究内容。本书从反映扩散系统和带有负交叉扩散项的偏微分方程组着手，分别对生态经济捕获模型和具有企业集群危机传播特征的传染病模型进行 Hopf 分叉、周期解和稳定性，斑图的演化与选择等非线性动力学分析。

本书从四维自治常微分方程和含双时滞常微分方程着手进行 Hopf 分叉、周期解的分支方向、分支周期解的稳定性和全局分支周期解的存在性等非线性动力学分析。从四维常微分方程组着手研究 Hopf 分叉、最终有界限和正向不变集及动力学特性。与已有的经济系统研究方法相比，更有效地解释了金融系统的稳定性、金融危机采取的正确策略等，证明了 Hopf 分叉在经济模型理论研究中的实际意义。因此，研究经济系统的非线性动力学问题具有科学意义和实际的经济意义。

本书主要研究几类经济系统的 Hopf 分叉、稳定性和非线性动力学问题。本书的具体研究工作如下：

第 2 章研究了具有非线性食饵收获效应的捕食者—食饵生态经济系统的 Hopf 分叉和空间 Turing 斑图生成及选择问题。首先，利用稳定性理论给出了由交叉扩散引起的 Turing 不稳定条件，并得到平衡点渐近稳定的充分条件。其次，通过分支理论分析得到了系统 Turing 斑图的存在区域。再次，利用稳定性理论和分支理论得到了 Hopf 分叉和 Turing 分支的条件，并通过 Hopf 分叉曲线和 Turing 分支曲线，得到了 Hopf 分叉区域和 Turing 不稳定区域，对结论进行了生态经济解释。最后，对系统 Turing 斑图的生成和选择结果进行了数值模拟。结果展示了系统有丰富的点状、条状以及二者共存等不同类型的 Turing 斑图。

第 3 章研究了带有负交叉扩散项的企业集群危机传播传染病模型空间斑图的动力学问题。首先结合传染病和企业集群之间的联系，建立了带负交叉扩散项的传染病企业集群模型，分析了企业集群传染病交叉扩散系数和传染病系数分别对企业集群危机传播的影响。其次利用稳定性理论和 Hopf 分叉理论得到了 Turing 失稳的条件以及 Turing 斑图的存在区域。此外，数值模拟得到了不同类型的 Turing 斑图，如点状、条状以及二者共存等 Turing 斑图。结果显示，负交叉扩散效应对空间斑图的形成具有很大的影响，即负交叉扩散诱导出了规则斑图，得出了企业集群传染病交叉扩散系数对企业集群危机传播的影响。

第 4 章研究了一类基于企业集群危机传播的非线性动力学系统丰富的动力学特性。首先建立了一类四维复杂非线性自治系统的动力学模型。其次通过展示分叉图、相图、Lyapunov 指数、分数维、吸引子、功率谱和时间历程图等描述了动态系统的复杂动力学特点，由数值模拟得出系统能够产生超混沌、混沌、准周期和周期性行为现象。与混沌相比，超混沌具有更复杂多样的动力学行为。此外，还观察到参数改变对四维自治系统的非线性特性有着显著影响。

第 5 章对一类含双时滞金融系统进行了 Hopf 分叉及动力学分析。首先通过对特征方程分析得到系统平衡点局部稳定的充分条件以及在其周围出现 Hopf 分叉的条件。其次以两个时滞作为分支参数,利用规范型方法和中心流形定理,得到确定周期解的分支方向、分支周期解的稳定性等显式算法。最后通过数值模拟验证了所得结论的正确性。

第 6 章研究了一类四维超混沌金融系统中的 Hopf 分叉,正向不变集和电路实现。首先通过加入反馈控制得到了一个新的四维金融系统,从理论上得到了混沌或超混沌行为不存在的充分条件,并得到平衡点的稳定性和 Hopf 分叉的存在性。其次利用 Lyapunov 指数对新超混沌金融系统周期解进行数值证明。研究得到了四维金融系统 Hopf 分叉的数学特征值,并介绍了最终有界限和正向不变集。最后通过分叉图数值研究了系统的动力学性质,使用电子电路和示波器实现了系统的工程意义。

目　录

第❶章
绪论

本章概述了几类经济问题的 Hopf 分叉和非线性动力学研究背景以及本书的研究意义，综述了几类经济模型的 Hopf 分叉和动力学研究现状，最后对本书的主要研究内容进行了阐述。

1.1 本书研究背景与意义

在经济社会飞速发展的同时，自然资源和环境遭到了严重破坏，濒危物种的数量逐年增长。然而，在实际生活和工作中，对各种生态资源的开采和种群生物的捕获不可避免。如何控制开采和捕捞数量，以避免使生态环境和自然资源遭到破坏，是一项重要的工作。意大利数学家 Volterra 提出了著名的捕食者与食饵相互作用的 Volterra 模型（Volterra，1926），并且研究了随着捕捞努力程度的变化，捕食者和种群规模之间的关系也发生变化，得出一个中心点附近将有一系列的闭轨线围绕该平衡点等结论，此时捕食者种群和食饵种群将呈现出此消彼长而系统产生周期解，如图 1-1 所示。之后，人们在模型（1-1）上加入一些经济参数将生物模型转化成经济捕获模型，来研究对种群最优捕获问题。

$$\frac{\mathrm{d}x}{\mathrm{d}t} = rx - axy \tag{1-1a}$$

$$\frac{\mathrm{d}y}{\mathrm{d}t} = -dy + bxy \tag{1-1b}$$

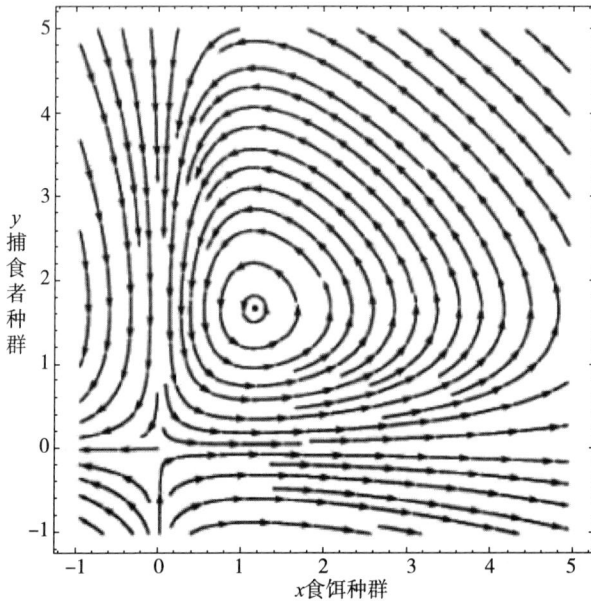

图 1-1　Volterra 模型的相图

　　对种群数量模型的具体分析和动力学行为的研究，可以根据理论的结果得知在何种情况下系统可以维持稳定状态，即不会出现生物种群灭绝的现象。所以，对种群数量模型的研究，不仅能够更加丰富现有的理论，而且能更好地协助保护生态资源。捕食—食饵种群生物模型都有自己独特的动力学性质，而渔民的捕捞会对它的性质产生影响。所以，渔民经济收益使生物模型的动力学行为发生了变化，因此研究生物经济系统是十分重要的问题，它可以用微分方程来表述。将种群数量模型与经济学定律结合，又是一个新的研究方向。而今在生物经济系统中，Hopf 分叉理论已成为研究微分方程小振幅周期解产生和消亡的经典工具。因此，研究生物经济系统的 Hopf 分叉是十分有意义的。

　　企业集群是指，由一群具有不同分工性质的大大小小企业联合而成的群体。随着世界市场的开放，企业集群已经成为世界经济体的重要组成部分。同样，随着经济全球化和信息时代的来临，企业集群面临的生产经营环境也变得越来越复杂，各种各样的危机层出不穷。用传染病模型对企业集群危机的传播和扩散进行分析和研究，有利于建立科学的企业集群危机管理。发现危机在集群的传播规律，并根据这个规律及时找到规避危机的办法，同时可以让企业能够及时、有效地控制危机，每次对危机的控制都会让企业集群内的企业重新审视自身的管理制度，从而进行相应的调整甚至是改革。

　　传染病的本质是病原体的携带者通过与其他个体的接触，将其自身所携带的病菌传染给与其有接触的个体。企业集群危机传播的本质也是，已有危机的企业将其危机通过集群间的传播渠道传染给其他企业。传染病传播需要病原体、传播介质、传播条件等，企业集群危机的传播同样需要满足一定的条件，达到传播的阈值才会进行传染。因此，企业集群危机传播的过程符合传染病传染过程的特征。所以，我们可以利用传染病模型对企业集群危机传播特征进行分析，了解危机传播的原理，为制定危机防控措施奠定基础。因此，用传染病模型研究企业集群危机传播过程和特征具有实际意义。

　　从广义上来说，在时间或空间上有序的结构就是斑图结构。自然界中斑图结构可谓无处不在，大到宇宙中的星体排布，小到生物细胞内的钙离子分布，多姿多彩的动物毛皮与植物生长过程中呈现出的叶序，甚至生态系统中的种族分布，如图 1-2 所示（唐晓栋，2014）。

　　生物斑图在自然界中存在得比较多，它是一种规律的非均匀构造，如某些陆地动物身上的斑图都属于比较明显的生物斑图。

图 1-2　自然界中存在的典型时空斑图结构

生物斑图动力学的研究非常广泛和丰富，它是当代非线性科学理论分析的主要方向之一。产生生物斑图的原因很多，反应扩散系统是最常见的一种，最先由 Turing（1952）在其论文《形态形成的化学基础》（A. Turing，1952）中提出。在反应扩散系统中，稳定、均匀态会在一些特殊条件下失稳，并自发产生空间定态斑图，此过程被后人命名为图灵失稳（或图灵分叉）与图灵斑图。反应扩散系统是一种被人们研究得较多的系统，它的应用范围遍布众多学科，如生态系统中传染病模型（刘厚业等，2010；W. M. Wang，2011）、种群模型（J. P. Shi，2011；X. S. Tang，2015；J. Zhou，2015）等，因此通常被称为 Turing 失稳或由扩散引起的失稳。简单地说，就是添加扩散使得平衡点由稳定变得不稳定，并通过构思具有传染病特性的数学模型进行动力学形态分析，以及用来解释传染病传播作用形成的空间斑图，同时结合数值模拟的结果，说明传染病感染的患病者在空间中分布的转变，同时可以解释传染病在空间中的不断演化等问题。

金融稳定是经济可持续发展的基础和前提，亚洲金融危机后，金融稳定和安全问题引起了全世界的广泛关注和重视。金融机构和金融市场构成巨大的金融系统，金融系统是一个由众多要素组成的、开放的、远离平衡态的极其复杂的非线性系统。金融系统和生态系统有很多相似之处，运用生态系统的相关理论可以研究金融系统的相关问题（C. Joha，2003；C. Andrew，1997；刘淄等，2009）。近年来，非线性经济学在当代经济学中已成为研究热点，非线性经济学领域的研究迅速发展，并成为非线性问题研究领域中非常活跃的问题之一。非线性经济动力学理论分析有助于预测和解决经济市场中存在的一些非线性问题，对于非线性经济学领域的研究具有重要的理论和实践意义。

分叉理论中的 Hopf 分叉在经济周期模型理论中最有实际意义。因为传统方法不能在动态模型中分析可能出现的周期行为，而 Hopf 分叉理论却能解释动态系统模型中主要变量可观测的实际波动。只要能够确定极限环或其他周期轨道的存在性，非线性经济学模型可以用于讨论经济周期。因此，我们要重点研究非线性经济系统的 Hopf 分叉理论。

本书主要针对几类经济问题的 Hopf 分叉、稳定性及非线性动力学特性进行理论分析，并利用解析方法和数值方法验证了理论的正确性。对于经济问题的非线性动力学研究具有重要的理论和实践意义。

1.2　国内外研究现状

1.2.1　经济捕获模型的 Hopf 分叉及动力学研究现状

为了维护生态平衡，生态学的多个领域都在讨论种群数量模型，其中捕食者和食饵的变化不仅受到模型自身因素的影响，经济收益也成为所要考虑的一个重要因素，而经济收益通常与捕食者和食饵的变化有着密切关系。A. B. Alshin（2011）、Y. F. Shao（2012）、L. Zhang（2007）、G. Zampieri（1988）、H. S. Gordon（1991）都是结合这一规律与种群数量模型构建新的生物经济模型，来研究种群的动力学性质。

1954 年，Gordon 首次建立了引入价格、成本的生物经济模型。刘会民等（1998）研究了临界退偿生物系统，分析其平衡点的稳定性，得出最大持续产出条件，阐述了投入与产出关系。王静等（2003）研究了一个具有年龄结构（幼年和成年）的单种群模型，分别对其幼年种群和成年种群进行捕获，讨论平衡点及其稳定性，给出了以最大可持续收获（MSY）为目标的最优捕获策略，对 Gordon 理论做出了分析。鲁红英等（2005）讨论自治的单种群生物资源的捕获模型，分别以单位时间最大可持续捕获量和最大净利润为管理目标，得到模型的最优捕获策略。此外，考虑经济因素，范猛等（2001）对开放式渔场建立了价格随供求而变化的捕获模型，对平衡点稳定性及轨迹进行了分析，从生态学和经济学的角度对结果做出了解释，为生物资源的实际管理提出了理论依据。张玉娟等（1998）讨论对竞争系统中的两种群同时进行捕获的模型，分析了平衡点及其稳定性，得出了最大持久经济效益的条件，并与无捕获系统进行了比较。杨秀香（2004）和柏灵等（2001）分别对连续、离散捕食—食饵系统的奇点进行了定性分析，从生态学意义上解释了中心奇点外围周期解的存在性，给出了对两种群同时进行捕获的最大持续收益的条件。李晓月等（2002）研究了离散的两类互惠种群模型，给出了不同捕获能力的捕获策略，分别得出了理论上和实践上的最大经济效益。柏灵等（2005）考虑了周期系数的两类竞争种群非自治系统的捕获模型，在保证唯一全局渐近稳定周期解存在的条件下，以单位时间持久产出作为最终管理目标，得到最佳种群水平和捕获努力量。

斑块环境的捕获模型一直是动力学研究的重要内容，张玉娟（1999）对具有常数收获率的竞争扩散系统进行研究，分别讨论了有扩散和无扩散系统的收获，进而分析出扩散对收获的影响。敬石心等（2001）研究具有线性收获率的捕食—食饵扩散系统的捕获模型，讨论了收获和扩散对系统平衡点的影响，证明了若系统存在正平衡点，则必然是全局渐近稳定的。李静等（2004）研究了扩散竞争生物系统，建立了价格随供求关系变化的经济捕获模型，从经济学和生物学角度，得出无扩散开放式捕获所遵循的自然规律。

此外，种群的持续生存与灭绝是模型研究中的重要概念，它显示出很多有趣、复杂的现象。Zhang等（2000）建立了具有年龄结构（成熟与不成熟）的捕食—食饵模型，得到了两类种群持续生存与灭绝的充要条件，以及最优捕获策略与保持持续发展所得的捕获阈值。Song等（2001）考虑了具有年龄结构的捕获模型，对其进行捕获，得到存在全局渐近稳定正解的条件，以及保持持续发展的捕获阈值。Kar（2003）考虑具有时滞效应的捕食—食饵系统的单一捕获模型，表明时滞效应能使平衡点由稳定变为不稳定，甚至产生Hopf分叉。Li等（2013）研究了具有脉冲效应的时滞捕食者食饵系统的周期解。Zheng等（2014）研究了具有层次函数响应的非自治捕食者—食饵色散时滞模型。俞美华（2015）研究了食饵种群具有Smith增长的一类捕食系统的经济捕获模型，建立了一类食饵具有Smith增长的捕食系统的经济捕获模型。运用微分方程稳定性理论研究了模型平衡点的稳定性，并得到平衡点渐近稳定的充分条件。Hu等（2017）研究了非线性Michaelis-Menten捕食者—食饵系统的稳定性和分叉分析问题。Belkhodja等（2018）研究了具有经济效应的鱼类食饵捕食者模型，从持久性和稳定性讨论了系统的动力学特征，得出生态经济平衡的条件，最后获得最优捕获策略、最大经济效益以及保护生态系统平衡的方案。

已有的研究食饵种群模型大部分是针对比较普遍的情况，在实际情况下，捕食—食饵模型还会受到很多因素的影响，如 Allee 效应、加扰动项等引起的自扩散和交叉扩散的情况，而且对于多种群的环境也需要进行特殊的研究，那么相应的一些动力学性质也会不同，这就需要去进一步研究。

1.2.2 企业集群危机传播传染病模型的 Hopf 分叉及动力学研究现状

根据世界卫生组织的最新研究表明，传染病依旧是人类死亡的第一杀手（郭英佳，2015）。由于对传染病的研究不宜采用实验的形式，因此理论分析与数值模拟常被用于传染病的机理研究上。此时选择合适的传染病动力学模型显得十分重要，常见的传染病模型有 SI、SIR、SEIR 等。

Turing（1952）在文章《形态形成的化学基础》中提出如式（1-2a）式（1-2b）所示的双变量反应扩散方程：

$$\frac{\partial u}{\partial t} = D_u \Delta u + f(u, v) \qquad (1-2a)$$

$$\frac{\partial v}{\partial t} = D_v \Delta v + g(u, v) \qquad (1-2b)$$

其中，u、v 分别表示两种相互反应的化学物质的密度函数，D_u、D_v 分别表示 u、v 的扩散系数。Turing 在此文章中提出，若参加相互反应的化学物质自身不存在扩散作用，经过一段时间反应后，它们会达到一定的平衡状态，即这些化学物质的浓度将会变得均匀，但如果这些化学物质具有扩散作用，那么在某种条件下，这种均匀的平衡态将被打破，变成不均匀的平衡态。

Chua 等（1995）对一类带有自组织行为的反应扩散系统进行了研究，从生物学角度解释了斑图的演化与选择，运用 Turing 理论分析研究了带有非线性发生率的传染病模型，通过对模型的斑图分析发现，扩散会导致传染病的空间呈现孤立的高密度分布。崔瑜（2017）运用医学 SIRS 传染病模型对金融市场间风险交叉传染机制进行研究，并进行仿真模拟。Cha（1999）运用多元 VAR 模型，研究美国股票市场对新兴国家股票市场的风险传染效应，发现 1987 年美国股灾对新兴市场国家股市传染效应显著。Bae（2003）运用多项式 Logitic 模型估计金融危机传染概率发现，拉丁美洲各国金融市场之间存在较强的溢出效应，拉丁美洲金融市场与亚洲金融市场之间的溢出效应不明显。陈云等（2006）研究了网络渠道和传统渠道下的零售商行为，构建了两阶段博弈模型，从价格竞争的角度，对模型进行了分析，得到网络渠道和传统渠道零售的最优定价和均衡利润。马源源等（2013）运用医学 SIR 传染病模型对股市危机传播进行研究发现，节点公司出现困难时，危机传播速度非常快。孙有发等（2010）研究包含非线性传染率的 SIRS 型传染病模型，得到提高疾病治愈率以及控制传染病传播的综合控制方法。庞春媛（2015）运用医学 SIR 传染病模型对供应链网络节点企业在违约风险传染中的状态情况进行分析发现，提高供应链节点企业的风险免疫力，可以有效控制供应链风险传染。罗容桂等（2006）利用经典的传染病模型（SIR 模型）建立了单一技术在单一企业群中扩散的 SIR 技术扩散模型，研究了技术扩散现象的一般规律。

胡绪华等（2015）根据企业规模及其在产业集群内地位的差异将集群企业划分大小两类异质企业，构建了基于传染病模型的产业集群内异质企业间的知识传播模型，通过模型分析推导出了知识传播再生数的一般表达式，验证了知识传播平衡点的存在性与稳定性。孙柳亚（2017）研究了企业集群内生性危机中的传染病危机，通过对企业集群危机产生原因的详细剖析发现，企业集群危机传播具有传染性，其传播原理与传染病传染的原理类似。因此通过建立传染病模型对危机在集群企业的传播机理进行研究，找到危机传播的规律，可为集群企业有效、及时地防范危机奠定基础。企业集群在地理位置上高度集中，相同的地理因素导致集群中的各企业具有相同的社会文化背景，集群中的企业交往频繁、共同学习、制定战略、交换人才，企业集群有时甚至共享信息链和资金链。企业集群间紧密的关联可以让企业之间更好地进行资源共享、信息互利，形成集群优势，但同时这种紧密的关联也会让集群内的传染病危机得到快速传播。传染病的本质是病原体的携带者通过与其他个体的接触将其自身所携带的病菌传染给与其有接触的个体。企业集群危机传播的本质亦是已有危机的企业将其危机通过集群间的传播渠道传染给其他企业。传染病传播需要病原体、传播介质、传播条件等，企业集群危机的传播同样需要满足一定的条件，达到传播的阈值才能进行传染。因此，企业集群危机传播符合传染病模型的特征。

通过分析查阅大量文献发现，危机在企业集群间的传播与病毒在生物群间的传播具有相似性。企业集群危机传播的过程具有传染病传染过程的特征，可以利用传染病模型进行分析，了解危机传播的原理，为制定危机防控措施奠定基础。

1.2.3　高维非线性金融系统的 Hopf 分叉、周期解及动力学研究现状

Day（1982）在研究古典经济增长模型时发现，一定条件下人口变化呈现混沌状态。他在此基础上分析了消费者选择问题，指出实际收入的增加将导致极为复杂的消费者动态行为，即穷人

的消费选择很可能是相当稳定的，而富人的消费行为可能是周期
波动的，甚至是混沌的。Kind（1999）通过建立商业周期模型指
出，Hopf分叉显示多个极限环，并且它已经成为经济系统的非线
性动力学研究中经常使用的工具。Szydlowski和Krawiec（2001）
用二维微分方程建立了动力系统的Kaldor-Kalecki商业周期模型，
并且用定性分析的方法研究了微分方程。张伟等（2012）指出，
非线性动力学不仅涉及学科发展的前沿问题，还涉及了国家重大
工程建设中的关键技术问题。Ding等（2010）利用Lotka-Volter-
ra系统模拟经济发展中双寡头垄断的市场股份动力学。Ma和
Chen（2001）研究了分叉拓扑结构及一类非线性金融系统的全局
复杂性。Ishiyama和Saiki（2005）研究了嵌入在混沌吸引子中的
不稳定轨道和混沌经济增长周期，建立了宏观经济增长周期模
型，解决了嵌入在混沌吸引子中与定性和定量相关的不稳定周期
解。Chen（2008）运用数值模拟分析了复杂的动力学特性，如周
期性、准周期性和金融系统延时反馈中的混沌行为等。Jian等
（2009）利用全局指数吸引集和Lyapunov稳定性理论的定义研究
了很多金融系统的全局指数吸引集和同步问题。Zhao等（2011）
利用Lyapunov稳定性理论和Routh-Hurwitz标准研究了三维混沌
金融系统的全局渐近同步策略。Yu等（2012）运用数值模拟分
析了混沌金融系统的平衡、稳定、混沌吸引力、Lyapunov指数及
分叉。Cantore和Levine（2012）研究了宏观经济学中具有评估参
数的重新参数化模型，得出重新参数化的方法与标准是等效的。
唐毅南等（2010）指出，群体动力学可以研究趋势瓦解和大众恐
慌等金融危机发生时的典型现象，对金融危机具有预测、预警的
作用。Ma和Tu（2014）建立了一类复杂动态宏观经济系统，研
究了时间延迟对储蓄率及动态金融稳定的影响。

Wei和Pham（2016）研究了多重时滞对具有一个稳定平衡
点和隐藏混沌吸引子的三维简单混沌系统的影响，考虑了平衡点

的稳定性和 Hopf 分叉的存在性，利用规范型理论和中心流形理论
得到了确定分叉方向和分叉周期解的稳定性显式公式，数值模拟
的结果支持了解析解的正确性和有效性。Yang 等（2016）研究
了迟滞反馈对金融系统的影响，描述了利率随时间的变化，为财
政政策的制定提供了依据，通过局部稳定性分析，从理论上证明
了 Hopf 分叉和 Hopf 零分叉的存在性。Xu 等（2010）以时滞为参
数，研究了多时滞反馈对由 Ghosh 和 Chowdhury 提出的洛伦兹系
统动力学的影响，首先考虑了平衡点的稳定性和 Hopf 分叉的存在
性，其次利用规范型理论和中心流形理论得到了确定分叉方向和
分叉周期解的稳定性显式公式，最后通过一个数值模拟例子，说
明了当时滞通过特定的临界值时，混沌振荡转化为稳定的平衡状
态或稳定的周期轨道。李秀玲等（2005）研究了具有时滞的四维
神经网络模型，以指数多项式的零点分布定理为理论基础对四次
指数型多项式方程进行分析，得到其所有根皆具负实部的充分条
件，同时得到参数临界值和当参数经过此临界值时方程根的虚部
发生变化的条件。所得到的结果可用于某些高维时滞系统的
研究。

王志强等（2015）首先研究了时滞 Lorenz - Like 系统存在平
衡点的条件，以及该条件下系统在平衡点处线性化系统特征根的
分布情况，得出了系统在平衡点处的稳定性，进而发现，随着系
统时滞参数的变化，时滞系统在平衡点处的稳定性会相应地发生
改变，又以时滞为分叉参数，研究了时滞系统存在 Hopf 分叉的条
件。李坤花等（2010）利用时滞动力学分析软件研究了时滞耦合
系统的动力学问题，揭示了耦合和时滞对系统动力学的影响，最
终得到结论：对于单向时滞耦合情况，仅耦合会影响系统的平衡
点和稳定性，时滞不会影响其局部的动力学；但是对于双向时滞
耦合情况，不仅耦合会影响其动力学，时滞也会影响其动力学，
使得系统出现稳定 Hopf 分叉，即时滞可能会抑制混沌行为。徐昌

进等（2010）用中心流形理论和规范型理论及时域中的分支理论研究了一类具有双时滞的维神经网络模型，用频域法研究了一类双时滞的阶神经网络模型，最终分别分析了时滞对系统动力学的影响。

　　杨纪华等（2015）从系统线性化方程特征方程根的分布入手，分别研究了单时滞和双时滞 Mackey-Glass 系统的线性稳定性，发现当系统中的时滞经过一系列临界值时，系统经历了 Hopf 分叉，并且当时滞较大时，系统出现了混沌吸引子，然后，利用中心流形理论和规范型方法分析了分支周期解的稳定性和分支方向。田晓彦等（2015）针对一类改进的含分布时滞金融系统进行了动力学分析，通过增维将系统转化为等价的四维连续自治系统，并对该系统的平衡点进行分析，利用劳斯—霍维茨定理得出系统在平衡点达到稳定的参数条件，同时，利用 Lyapunov 指数和 Hopf 分叉定理等，对该系统进行了进一步分析，并得出 Hopf 分叉的参数条件。Wei（2012）研究了迟滞反馈对具有两个稳定节点焦点的三维混沌系统的影响，考虑了平衡点的稳定性和 Hopf 分叉的存在性，利用规范型理论和中心流形理论得到了确定分叉方向和分叉周期解的稳定性显式公式，研究结果表明，Hopf 分叉分析可以解释和预测具有直接时滞反馈的混沌系统的周期轨道，该控制定律可应用于具有两个稳定节点的混沌系统，适用于混沌的控制和反控制。Zhang 等（2013）根据金融市场的风险管理过程，构建了金融风险动力系统，通过分析系统的基本动力学性质，得到了系统基于非线性动力系统 Hopf 分叉理论的稳定性和分叉的条件，选择反馈增益矩阵设计了一类混沌控制器抑制系统的混沌，最终结果表明，当风险传递率参数发生变化时，系统通过分叉逐渐从渐近稳定状态进入混沌状态，可以有效地控制混沌。Feng 等（2015）研究了迟滞反馈对具有隐藏吸引子的广义 Sprott B 系统局部 Hopf 分叉的影响，选择迟滞作为参数，证明了局部 Hopf 分叉

的存在性，利用规范型理论和中心流形理论得到了确定分叉方向
和分叉周期稳定性的显式公式。Wei 等（2016）首先研究了具有
隐藏吸引子的 Kingni-Jafari 系统的全局动力学，通过使用 R³ 中一
个多项式向量场庞加莱紧化方法完整地描述了 Kingni-Jafari 系统
在无穷处的动力学，进而使用经典的 Hopf 分叉和退化 Hopf 分叉
理论证明了 Kingni-Jafari 系统周期解的存在性。

Wei 等（2016）研究了多重时滞对具有一个稳定平衡点和隐
藏混沌吸引子的三维简单混沌系统的影响，考虑了平衡点的稳定
性和 Hopf 分叉的存在性，利用规范型理论和中心流形理论确定了
分叉方向和分叉周期解的稳定性。Ding 和 Cao（2015）研究了时
滞非线性金融系统的动力学，特别关注了 Hopf 分叉和二次 Hopf
分叉问题，首先确定了稳定性转换、Hopf 分叉和二次 Hopf 分叉
的临界值，进而分析了 Hopf 分叉和二次 Hopf 分叉附近的规范形
式，以及局部动力学的分类。Yu 等（2012）提出了一种新的基
于混沌金融系统的超混沌金融系统，研究了超混沌金融系统的基
本动力学行为，如平衡、稳定性、超混沌吸引子、Lyapunov 指数
和 Hopf 分叉分析，设计了有效的速度反馈控制器和线性反馈控制
器。Li 和 Wu（2013）基于洛伦兹系统构造了一个新的四维超混
沌系统，利用控制系统研究了新型超混沌吸引子的复合结构和形
成机理，研究发现，当分叉参数超过某一临界值时，该超混沌系
统出现了 Hopf 分叉现象。Dadras 和 Momeni（2010）提出了一个
新的四维复杂非线性自治系统，研究了超混沌、混沌、概周期和
周期运动等丰富动力学行为，研究结果表明，使用两个对称初始
条件，该系统可以产生两个共存的双涡卷超混沌吸引子。Ma 和
Yang（2013）提出了一个超混沌系统，用数值模拟方法研究了该
系统的复杂动力学行为，通过理论分析和动态仿真，绘制出分叉
图、Lyapunov 指数、超混沌吸引子、功率谱和时间历程图，研究
发现，随着 Lyapunov 指数和 Hopf 分叉图的变化，混沌和超混沌

吸引子在很宽的参数范围内存在和变化。李响等（2013）基于一些经典的混沌系统，构造了几类新的混沌（超混沌）系统，利用定理、指数等理论考察了新系统中混沌的存在性并通过添加一个常数控制器深入研究了一个超混沌系统的混沌吸引子的复合结构及其形成机制，并利用标准型理论详细研究了整数阶混沌系统的Hopf 分支。Yu 等（2012）提出了一种新的基于混沌金融系统的超混沌金融系统，研究了超混沌金融系统的基本动力学行为，如平衡、稳定性、超混沌吸引子、Lyapunov 指数和分叉分析，设计了有效的速度反馈控制器和线性反馈控制器。Chen（2008）通过数值模拟讨论了具有时滞反馈的金融系统的复杂行为，结果表明，该系统具有周期性、概周期性和混沌行为等复杂动力学特征，且该系统中存在倍周期和逆向倍周期路径。

近年来，动态经济学已成为主流经济学中突出的一门学科，Ramirez 和 Valdez（2001）指出，随机方法的弊端在于无法解决潜在金融动力系统中的问题。所以对于政府而言，当混沌现象出现时能够采取一个快速有效的控制方法就显得尤为重要（Q. Gao，2009；J. H. Ma，2001，2008；C. Ma，2012）。Holyst 和 Urbano-wicz（2000）提出时滞反馈控制方法可使经济或金融模型的混沌行为稳定在不同周期轨道上。Pyragas（1992）提出系统的不稳定周期轨道的稳定化可以通过使用延迟自控反馈实现。Chen（2008）通过数值模拟研究了时滞反馈金融系统的复杂行为。

金融系统通常具有延迟性，这与 Hopf 分叉和双 Hopf 分叉有关，并使金融系统更加复杂（Y. T. Ding，2015；J. Yang，2016）。此外，动态系统的正向不变集在状态约束和控制约束中具有重要意义，并被广泛应用于各领域中，但是用在高维非线性金融系统的较少。本书的部分内容将对含双时滞金融系统的 Hopf 分叉及动力学特征、四维超混沌金融系统中的 Hopf 分叉、正向不变集及动力学特性进行研究。

1.3 本书研究内容

国内外关于经济问题的高维非线性动力学特性研究较少。本书主要从理论上研究几类经济模型的 Hopf 分叉、稳定性和非线性动力学问题，具体研究内容如下：

第 1 章为绪论，详细介绍了几类经济系统的非线性动力学模型研究背景以及本书的研究意义，综述了经济捕获模型、企业集群危机传播传染病模型动力学研究现状和高维非线性金融系统动力学问题的研究现状，最后是本书各章的研究内容和本书结构。

第 2 章研究了具有非线性食饵收获效应的捕食者—食饵生态经济系统的 Hopf 分叉和空间 Turing 斑图生成及选择问题。首先建立了具有非线性食饵收获效应的捕食者—食饵系统生态经济捕获模型，利用微分方程稳定性理论研究了模型平衡点的稳定性，即利用稳定性理论给出了由交叉扩散引起的 Turing 不稳定的条件，并得到平衡点渐近稳定的充分条件。其次通过分支理论分析得到了系统 Turing 斑图的存在区域。再次利用稳定性理论和分支理论得到了 Hopf 分叉和 Turing 分支的条件，并通过 Hopf 分叉曲线和 Turing 分支曲线，得到了 Hopf 分叉区域和 Turing 不稳定区域，并对结论进行了生态经济解释。最后对系统 Turing 斑图的生成和选择结果进行了数值模拟。结果展示了系统有点状、条状以及二者共存等不同类型的 Turing 斑图和非线性动力学特征。

第 3 章研究了一类带负交叉扩散系数的，针对企业集群传播危机的二维传染病系统中 Turing 斑图产生问题。首先结合传染病和企业集群之间的联系，建立了带负交叉扩散项的传染病企业集群模型，分析了企业集群传染病交叉扩散系数和传染病系数分别对企业集群危机传播的影响。其次利用稳定性理论和 Hopf 分叉理论得到了 Turing 失稳的条件以及 Turing 斑图的存在区域，然后考虑了在二维空间中参数对斑图构造的影响，得到了 Turing 失稳的区域。最后数值模拟得到了点状、条状以及二者共存等不同类型的 Turing 斑图。结果显示，负交叉扩散效应对空间斑图的形成具有很大影响，即负交叉扩散诱导出了规则斑图。

第 4 章研究了一类基于企业集群危机传播的非线性系统动力学特性。首先建立了一类四维复杂非线性自治系统的动力学模型。其次通过展示分叉图、相图、Lyapunov 指数、分数维、吸引子、功率谱和时间历程图等描述了动态系统的复杂动力学特点，由数值模拟得出系统能够产生超混沌、混沌、准周期和周期性行为现象。与混沌相比，超混沌具有更复杂多样的动力学行为。此外，还观察到参数的改变对四维自治系统的非线性特性有显著影响。

第 5 章研究了一类改进的含双时滞金融系统的 Hopf 分叉及动力学特征。首先通过平衡点处特征方程根的分布情况，得到系统平衡点的局部稳定充分条件以及在其周围出现 Hopf 分叉的条件。其次以两个时滞作为分支参数，利用规范型方法和中心流形定理，得到确定周期解分支方向、分支周期解稳定性等的显式算法。在局部分支存在的前提下，又利用泛函微分方程全局分支存在性理论讨论了此系统的全局分支周期解的存在性。最后通过数值模拟验证了所得结论的正确性。

第 6 章研究了一类新的四维超混沌金融系统中的 Hopf 分叉，正向不变集及动力学特性。在第 5 章提出的经典三维金融系统模型的基础上加入非线性反馈项构造了一种新型四维超混沌金融系统；从理论上得到了混沌或超混沌行为不存在的充分条件；利用 Lyapunov 指数对新超混沌金融系统进行数值证明，研究得到了四维 Hopf 分叉的数学特征值，介绍了最终界限和正向不变集；通过分叉图数值研究了系统的动力学性质；使用电子电路和示波器实现了系统的工程意义。

第 7 章是结论，总结了本书的主要研究成果，提出了可能存在的问题及未来的研究方向。

第2章
具有非线性收获效应的经济捕获模型的 Hopf 分叉和空间斑图动力学

2.1　引言

时空斑图是在空间或时间上具有某种规律性的非均匀宏观结构，在许多领域中均有重要应用，如物理学（李新政，2013）、神经网络（赵洪涌，2013）、生态学（Y. Song，2017）、经济学（G. Q. Sun，2016）等。特别地，在生态学中，为了掌握物种空间分布的多样性，国内外学者对物种的空间斑图进行了大量而深入的研究。Sun（2016）研究了在带有自扩散的系统中 Allee 效应对斑图形成的影响。Wang 等（2017）讨论了带有交叉扩散的生物模型的斑图形成。张道祥等（2017）研究了带有负交叉扩散项的捕食者—食饵生态捕获模型中斑图的生成与选择，并得到了不同类型的空间斑图。Sambath 等（2016）研究了带有 Hollingg-Ⅱ 型功能反应和双曲死亡率的捕食者—食饵生态捕获模型。刘利等（2010）建立了一类生物经济模型，研究了它的非线性动力学特征。

在具有捕捞的种群数量模型中，渔民的捕捞会产生经济收益，而经济收益通常满足规律，因此可以结合这一规律与种群数量模型构建新的生物经济模型（A. B. Alshin，2011）来研究种群的动力学性质。捕食—食饵种群生物模型有自己独特的动力学性质，而渔民的捕捞会对它的性质产生影响。所以，渔民经济收益使捕食—食饵种群生物模型的动力学行为发生了变化。因此带有捕捞的捕食—食饵生物经济模型的动力学行为有待研究。

本章研究了一类带有非线性食饵收获效应的捕食者—食饵生态经济系统的 Hopf 分叉和空间 Turing 斑图生成及选择问题。首先建立了具有非线性食饵收获效应的捕食者—食饵系统生态经济捕获模型，利用微分方程稳定性理论研究了模型平衡点的稳定性，即利用稳定性理论给出了由交叉扩散引起的 Turing 不稳定的条件，并得到平衡点渐近稳定的充分条件。其次通过分支理论分析得到了系统 Turing 斑图的存在区域，利用稳定性理论和分支理论得到了 Hopf 分叉和 Turing 分支的条件，并通过 Hopf 分叉曲线和 Turing 分支曲线，得到了 Hopf 分叉区域和 Turing 不稳定区域，对结论进行了生态经济解释。最后利用 Matlab 软件对系统 Turing 斑图的生成和选择结果进行了数值模拟。结果说明系统有点状、条状以及二者共存等不同类型的 Turing 斑图和非线性动力学特征。

2.2 具有非线性收获效应的捕食者—食饵生态经济系统方程

Sambath 等（2016）建立了如式（2-1a）和式（2-1b）所示的具有 Hollingg-Ⅱ型功能反应和双曲死亡率的捕食者—食饵生态捕获模型：

$$\frac{\mathrm{d}U}{\mathrm{d}\tau} = rU\left(1 - \frac{U}{K}\right) - \frac{a_1 UV}{n + U} \tag{2-1a}$$

$$\frac{\mathrm{d}V}{\mathrm{d}\tau} = \frac{a_2 UV}{n + U} - \frac{\delta V^2}{\varepsilon + \eta V} \tag{2-1b}$$

其中，$U(\tau)$ 和 $V(\tau)$ 分别表示时刻 τ 处食饵的密度和捕食者的密度。r、K、a_1、n、a_2、δ 均是正的常数，r 表示食饵的内禀增长率，$K>0$ 是食饵的环境容纳量（食饵的承载能力），a_1 表示捕食者对食饵的捕食率，n 表示捕食者对食饵的最大摄入比率，a_2 表示最大的捕食者增长率，δ 表示捕食者的死亡率。ε、η 也是正的常数，ε 表示在浮游生物死亡背景下由于水导致的光衰减数，η 表示在浮游生物死亡背景下由于自我保护导致的光衰减数。Gordon 主要讨论了常微分系统的局部稳定性和自扩散效应下 Hopf 分叉方向以及产生周期解的稳定性（H. S. Gordon，1991）。然而，自然界中捕食者—食饵系统中的生物资源最有可能被收获以获得经济利益，人类需要开发生物资源和收获一些生物物种，如渔业、林业和野生动植物（M. Xiao，2009），这种收获对种群分布将产生重要的影响。

假设将捕获全部投入市场，而且捕获努力量变化率与净利润成正比。本章在式（2-1）中加入捕获项、经济影响因素，建立了具有非线性食饵收获效应的捕食者—食饵系统生态经济捕获模型（2-2a）和模型（2-2b）。

$$\frac{\mathrm{d}U}{\mathrm{d}\tau} = rU\left(1 - \frac{U}{K}\right) - \frac{a_1 UV}{n + U} - \frac{qEU}{m_1 E + m_2 U} \tag{2-2a}$$

$$\frac{\mathrm{d}V}{\mathrm{d}\tau} = \frac{a_2 UV}{n + U} - \frac{\delta V^2}{\varepsilon + \eta V} \tag{2-2b}$$

其中，q 和 E 均表示正的常数，q 表示捕捞能力，E 表示捕捞努力量（如出海时间、拥有船只数量等），m_1 表示捕捞花费，m_2 表示食饵成本，均为正的常数。

模型（2-3a）和模型（2-3b）考虑的是具有非线性食饵收获效应的捕食者—食饵系统生态经济捕获模型（2-2）的反应扩散系统

$$\frac{\partial U}{\partial \tau} = D_{11}\Delta U + D_{12}\Delta V + rU\left(1 - \frac{U}{K}\right) - \frac{a_1 UV}{n + U} - \frac{qEU}{m_1 E + m_2 U}$$

$$(2\text{-}3a)$$

$$\frac{\partial V}{\partial \tau} = D_{21}\Delta U + D_{22}\Delta V + \frac{a_2 UV}{n + U} - \frac{\delta V^2}{\varepsilon + \eta V} \qquad (2\text{-}3b)$$

其中，D_{11}、D_{22} 是自扩散系数且是正的常数，D_{12}、D_{21} 是交叉扩散系数，$\Delta \equiv \frac{\partial^2}{\partial x^2} + \frac{\partial^2}{\partial y^2}$ 为 Laplacian 算子。

为了简化模型，我们作如下的无量纲化处理：

$$u = \frac{U}{K}, \quad v = \frac{a_1}{K}V, \quad t = r\tau, \quad h = \frac{qE}{rm_2 K}, \quad \rho = \frac{m_1 E}{m_2 K}, \quad \beta = \frac{n}{K},$$

$$s = \frac{1}{r}, \quad \delta = a_2\eta, \quad \varepsilon = \eta, \quad \alpha = \frac{a_2}{r}, \quad \gamma = \frac{K}{a_1},$$

$$d_{11} = \frac{D_{11}}{r}, \quad d_{12} = \frac{D_{12}}{ra_1}, \quad d_{21} = \frac{a_1 D_{21}}{r}, \quad d_{22} = \frac{D_{22}}{r} \qquad (2\text{-}4)$$

式（2-3）可转化为：

$$\frac{\partial u(X,t)}{\partial t} = d_{11}\Delta u + d_{12}\Delta v + u(1 - u) - \frac{suv}{\beta + u} - \frac{hu}{\rho + u}$$

$$(X \in \Omega, \ t > 0) \qquad (2\text{-}5a)$$

$$\frac{\partial v(X,t)}{\partial t} = d_{21}\Delta u + d_{22}\Delta v + \frac{\alpha uv}{\beta + u} - \frac{\alpha\gamma v^2}{1 + \gamma v} \quad (X \in \Omega, \ t > 0)$$

$$(2\text{-}5b)$$

$$\frac{\partial u}{\partial \nu} = \frac{\partial v}{\partial \nu} = 0 (X \in \partial\Omega, \ t > 0) \qquad (2\text{-}5c)$$

$$u(X,0) = u_0(X) \geqslant 0, \quad v(X,0) = v_0(X) \geqslant 0 \ (X \in \Omega)$$

$$(2\text{-}5d)$$

其中，$(X,t) \in \Omega \times R^+$，$\Omega \in R^2$ 为边界光滑的有界区域，v 为 $\partial\Omega$ 上单位外法向量。

对于式（2-5），Zhang 等（2017）研究了在自扩散效应下时滞对 Hopf 分叉产生的周期解稳定性及其方向的影响，Li（2016）讨论了当 $h=0$、$d_{12}=d_{21}=0$ 时，时滞效应下系统周期解的存在性。然而在生态学中，物种的空间分布是重要的研究内容，系统（2-5）中种群的空间斑图动力学尚未被研究。

因此，本书将讨论式（2-5）中非线性食饵收获效应对种群斑图生成的影响，首先运用稳定性理论假定 Turing 斑图形成的条件，其次通过分支理论来确定 Turing 区域，最后利用 Matlab 软件对式（2-5）的斑图生成进行了数值模拟，得到了丰富的 Turing 斑图。

2.3　稳定性分析

首先我们考虑系统（2-5）对应的常微分系统（2-6a）、（2-6b）。

$$\frac{\mathrm{d}u}{\mathrm{d}t} = u(1-u) - \frac{suv}{\beta+u} - \frac{hu}{\rho+u} \tag{2-6a}$$

$$\frac{\mathrm{d}v}{\mathrm{d}t} = \frac{\alpha uv}{\beta+u} - \frac{\alpha\gamma v^2}{1+\gamma v} \tag{2-6b}$$

考虑到生态学意义，文中我们只研究系统（2-5）和系统（2-6）的正平衡点。由于系统（2-5）和系统（2-6）有相同的平衡点，通过求解，易知当 $h<\rho<\beta$ 成立时，系统（2-5）和系统（2-6）存在唯一的正平衡点 $E_* = (u_*, v_*)$，其中，$v_* = \frac{u_*}{\beta\gamma}$，且 u_* 满足式（2-7）所示的三次方程。

$$A_0 u^3 + A_1 u^2 + A_2 u + A_3 = 0 \ (A_0 \neq 0) \qquad (2\text{-}7)$$

其中，

$$A_0 = \beta\gamma \qquad (2\text{-}8a)$$

$$A_1 = \beta^2\gamma + \beta\gamma\rho + s - \beta\gamma \qquad (2\text{-}8b)$$

$$A_2 = \beta^2\gamma\rho + \beta\gamma h + \rho s - \beta^2\gamma - \beta\gamma\rho \qquad (2\text{-}8c)$$

$$A_3 = \beta^2\gamma(h - \rho) \qquad (2\text{-}8d)$$

在图 2-1 中，我们通过食饵零增长的等倾线和捕食者零增长的等倾线交点来标记正平衡点 E_*，其中，$\alpha = 1.5$，$\beta = 0.8$，$\gamma = 0.8$，$\rho = 0.4$，$h = 0.2$，$s = 1$；食饵的等倾线包括 $u = 0$ 和曲线 $1 - u - \dfrac{sv}{\beta+u} - \dfrac{h}{\rho+u} = 0$，捕食者的等倾线包括 $v = 0$ 和曲线 $v = \dfrac{u}{\beta\gamma}$。

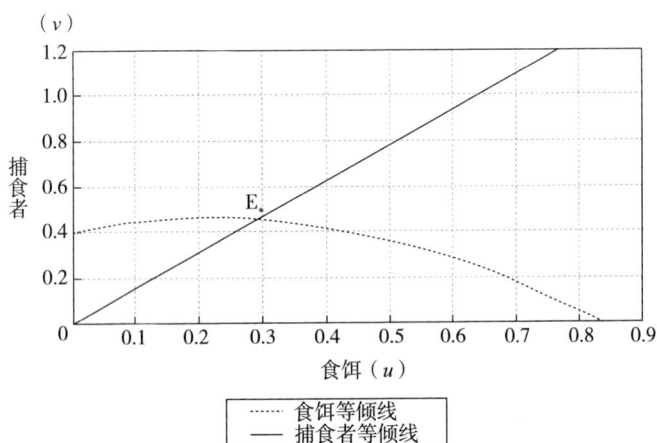

图 2-1 系统（2-5）在 $E_* = (u_*, v_*)$ 处等倾线

下面，我们将分析常微分系统（2-6）的平衡点稳定性，将系统（2-6）用如式（2-9）表示。

$$\dot{Y} = F(Y, \Lambda) = (P(u, v), Q(u, v))^{\mathrm{T}} \qquad (2\text{-}9)$$

其中，$Y = (u, v)^{\mathrm{T}}$，Λ 表示所有参数集合，系统（2-6）在平衡点 (u_*, v_*) 处的 Jacobi 矩阵为：

$$J = \begin{pmatrix} P_u(u_*, v_*) & P_v(u_*, v_*) \\ Q_u(u_*, v_*) & Q_v(u_*, v_*) \end{pmatrix} = \begin{pmatrix} a_{11} & a_{12} \\ a_{21} & a_{22} \end{pmatrix} \tag{2-10}$$

其中,

$$a_{11} = \frac{\partial P}{\partial u}\bigg|_{E_*} = -u_* + \frac{su_*^2}{\beta\gamma(\beta + u_*)^2} + \frac{hu_*}{(\rho + u_*)^2},$$

$$a_{12} = \frac{\partial P}{\partial v}\bigg|_{E_*} = -\frac{su_*}{\beta + u_*} \tag{2-11a}$$

$$a_{21} = \frac{\partial Q}{\partial u}\bigg|_{E_*} = \frac{\alpha u_*^2}{\gamma(\beta + u_*)^2}, \quad a_{22} = \frac{\partial Q}{\partial v}\bigg|_{E_*} = -\frac{\alpha\beta u_*}{\gamma(\beta + u_*)^2} \tag{2-11b}$$

为了便于下面的讨论,我们作如式(2-12a)至式(2-12d)所示的假设。

$$H_1: \frac{su_*}{\beta\gamma(\beta + u_*)^2} + \frac{h}{(\rho + u_*)^2} - \frac{\alpha\beta}{(\beta + u_*)^2} < 1 \tag{2-12a}$$

$$H_2: \left(\frac{su_*}{\beta\gamma(\beta + u_*)^2} + \frac{h}{(\rho + u_*)^2} - 1 \right)\beta < \frac{s}{(\beta + u_*)\gamma} \tag{2-12b}$$

$$H_3: \left(1 - \frac{su_*}{\beta\gamma(\beta + u_*)^2} - \frac{h}{(\rho + u_*)^2} \right)d_{22} + \frac{\alpha\beta}{(\beta + u_*)^2}d_{11} > 0 \tag{2-12c}$$

$$H_4: \left(\frac{su_*}{\beta\gamma(\beta + u_*)^2} + \frac{h}{(\rho + u_*)^2} - 1 \right)d_{22} -$$

$$\frac{\alpha\beta}{(\beta + u_*)^2}d_{11} - \frac{\alpha}{(\beta + u_*)^2\gamma}d_{12} + \frac{s}{(\beta + u_*)}d_{21} > 0 \tag{2-12d}$$

定理 2.1　对于系统(2-6),有如下结论成立:

(1)若 H_1 和 H_2 成立,系统的平衡点 (u_*, v_*) 是局部渐近稳定的。

(2)若 $h = h_H$ 成立,系统在平衡点 (u_*, v_*) 处发生了 Hopf

分叉。

其中，

$$h_H = \frac{\alpha\beta^2\gamma(\rho + u_*)^2 + \beta\gamma(\beta + u_*)^2(\rho + u_*)^2 - su_*(\rho + u_*)^2}{\beta\gamma(\beta + u_*)^2}$$

(2-13)

证明：（1）通过计算，我们得到了矩阵 J 的特征方程：

$$\lambda^2 - tr_0\lambda + \det J = 0 \tag{2-14}$$

其中，

$$tr_0 = -u_* + \frac{su_*^2}{\beta\gamma(\beta + u_*)^2} + \frac{hu_*}{(\rho + u_*)^2} - \frac{\alpha\beta u_*}{(\beta + u_*)^2}$$

(2-15a)

$$\det J = \frac{\alpha\beta u_*^2}{(\beta + u_*)^2}\left(1 - \frac{su_*}{\beta\gamma(\beta + u_*)^2} - \frac{h}{(\rho + u_*)^2}\right) + \frac{\alpha su_*^2}{(\beta + u_*)^3\gamma}$$

(2-15b)

其中，tr_0 和 $\det J$ 分别表示 J 的迹和行列式。根据 H_1 和 H_2 易知，$tr_0 < 0$ 和 $\det J > 0$。由 Routh-Hurwitz 准则知，(u_*, v_*) 是局部渐近稳定的。

（2）通过以上分析，若 $h = h_H$ 成立，则可以得到一对纯虚数，使得 $tr_0 = 0$ 和 $\det J > 0$ 成立，记 $\lambda = p + iq$ 并代入方程（2-14），分离实部与虚部得到如式（2-16a）和式（2-16b）所示方程。

$$p^2 - q^2 - tr_0 p + \det J = 0 \tag{2-16a}$$

$$2pq - tr_0 p = 0 \tag{2-16b}$$

对上述方程组的第二个方程两边关于 h 求偏导，可以得到式（2-17）。

$$\left.\frac{dp}{dh}\right|_{h=h_H} = \frac{u_*}{2(\rho + u_*)^2} > 0 \tag{2-17}$$

因此，定理的结论（2）是成立的。

下面我们考虑系统（2-6）仅加入自扩散时平衡点的稳定性。

首先我们在 (u_*, v_*) 处引入小扰动式（2-18a）和式（2-18b）。

$$u(x,y,t) = u_* + U(x,y,t), \quad |U(x,y,t)| << u_* \qquad (2\text{-}18a)$$

$$v(x,y,t) = v_* + V(x,y,t), \quad |V(x,y,t)| << v_* \qquad (2\text{-}18b)$$

其中，

$$U(x,y,t) = U_0 e^{\lambda t} e^{i(k_x x + k_y y)} \qquad (2\text{-}19a)$$

$$V(x,y,t) = V_0 e^{\lambda t} e^{i(k_x x + k_y y)} \qquad (2\text{-}19b)$$

其中，λ 表示时间 t 处的扰动增长率，i 表示虚数单位，k_x 和 k_y 为相应的振幅，$k = \sqrt{k_x^2 + k_y^2}$ 表示波长，U_0 和 V_0 为两个实数。得到如式（2-20）所示的特征方程。

$$\lambda^2 + B_1 \lambda + B_2 = 0 \qquad (2\text{-}20)$$

其中，

$$B_1 = (d_{11} + d_{22})k^2 - tr_0 \qquad (2\text{-}21a)$$

$$B_2 = d_{11}d_{22}k^4 - (a_{22}d_{11} + a_{11}d_{22})k^2 + \det J \qquad (2\text{-}21b)$$

由上面的分析我们可以得到，若 H_1 和 H_3 成立，系统（2-5）加入自扩散时的平衡点 (u_*, v_*) 是局部渐近稳定的。

注 1：在系统（2-6）中仅加入自扩散项得到的偏微分系统，系统的平衡点 E_* 总是局部渐近稳定的。

经济意义：捕捞努力参数为 h，食饵的内禀增长率为 r，当 $h < \rho < \beta$ 且满足条件 H_1 和 H_2，有唯一的正平衡点 (u_*, v_*) 时，捕食者和食饵的数量在平衡点 (u_*, v_*) 会保持在一个稳定的状态，可以长久共存下去，有利于生态资源的合理利用和健康发展。当 $h = h_H$ 成立，系统在平衡点 (u_*, v_*) 处发生了 Hopf 分叉，则捕食者和食饵数量的稳定性会出现分支现象。再加入自扩散项时，捕食者和食饵的数量会维持在一个稳定的状态，有利于渔业资源的可持续发展。根据研究得出的结论可知，在种群生态系统中，如何控制渔民的经济收益才会使得资源循环利用和生态环境可持续发展。只有这样才会保持食饵和捕食者的数量不会出现迅速增多或迅速减少的情况，从而维护生态平衡，使其可持续

发展，同时，又能够使得鱼类资源被人类有效利用，实现资源的充分利用。

为了得到 Turing 斑图的形成条件，下面我们考虑交叉扩散对系统动力学的影响。

在介绍定理 2.2 前，我们作如式（2-22）所示假设。

$$H_5: a_{11}d_{22} + a_{22}d_{11} - a_{21}d_{12} - a_{12}d_{21} - 2\sqrt{(d_{11}d_{22} - d_{12}d_{21})\det J} > 0 \tag{2-22}$$

定理 2.2 若 $d_{11}d_{22} - d_{12}d_{21} > 0$，当 H_1、H_2、H_4、H_5 均成立时，系统（2-4）的平衡点 (u_*, v_*) 是不稳定的。

证明： 我们令 $D = \begin{pmatrix} d_{11} & d_{12} \\ d_{21} & d_{22} \end{pmatrix}$，$I = \begin{pmatrix} 1 & 0 \\ 0 & 1 \end{pmatrix}$，将式（2-17）代入系统（2-5）得到如式（2-23）所示的特征方程。

$$\lambda^2 - tr_k\lambda + \delta_k = 0 \tag{2-23}$$

特征方程（2-23）的解为式（2-24）。

$$\lambda_k = \frac{tr_k \pm \sqrt{tr_k^2 - 4\delta_k}}{2} \tag{2-24}$$

其中，

$$tr_k = a_{11} + a_{22} - (d_{11} + d_{22})k^2 \tag{2-25}$$

$$\delta_k = (d_{11}d_{22} - d_{12}d_{21})k^4 - (a_{11}d_{22} + a_{22}d_{11} - a_{12}d_{21} - a_{21}d_{12})k^2 + \det J \tag{2-26}$$

其中，tr_k 和 δ_k 分别表示矩阵 $J - k^2D - \lambda I$ 的迹和行列式。

令 λ_{1k} 和 λ_{2k} 为方程（2-23）的解，则 $tr_k = \lambda_{1k} + \lambda_{2k}$ 和 $\delta_k = \lambda_{1k}\lambda_{2k}$ 成立。显然，由 H_1 知 $\lambda_{1k} + \lambda_{2k} < 0$ 成立。

若 $d_{11}d_{22} - d_{12}d_{21} > 0$，当 H_1、H_2、H_4 和 H_5 均成立时，存在某些波数 $k > 0$，使得 $\delta_k < 0$，则至少有一个特征值的实部大于零，由稳定性理论知，系统（2-5）的平衡点 (u_*, v_*) 是不稳定的。

注 2： 由上述定理可知，在 H_1、H_2、H_4、H_5 成立的条件下，**Turing 不稳定是由交叉扩散引起的**。

经济意义：当捕食者和食饵的交叉扩散系数 $d_{11}d_{22} - d_{12}d_{21} > 0$ 成立，且捕捞努力参数 h 满足条件 H_1、H_2、H_4 和 H_5 时，捕食者和食饵的数量向系统不稳定的平衡点 (u_*, v_*) 发展，那么捕食者和食饵的数量会出现不稳定的状况，也就是捕食者和食饵的数量会出现急剧减少或急剧增加的状态，经过一段时间会出现种群灭绝的现象。这说明：过度捕捞将导致种群逐日减产并最终灭绝。

图 2-2 讨论了当捕捞努力参数 h 变化时，特征值 λ 的实部 $Re(\lambda)$ 与 k 之间的关系，即参数变化对 Turing 不稳定的影响。当 $h = 0.034$ 时，由于 $Re(\lambda) < 0$，故不可能出现 Turing 不稳定现象。当 $h > 0.0596$ 时，即当 h 取值分别为 （0.095，0.128，0.156，0.198）时分别有 $k \in (0.4441, 1.0439)$，$k \in (0.3666, 1.1964)$，$k \in (0.3196, 1.2998)$，$k \in (0.2641, 1.4262)$，使得 $\delta_k < 0$，此时 $Re(\lambda) > 0$，故当 h 取以上值时，均会出现 Turing 不稳定现象。此时，临界值 $h_T = 0.0596$。其中，$\alpha = 1.5$，$\beta = 0.8$，$\gamma = 0.8$，$\rho = 0.4$，$s = 1$，$d_{11} = 1$，$d_{12} = 1$，$d_{21} = 14$，$d_{22} = 15$。

下面，我们将讨论 Turing 斑图的存在区域。选择捕捞努力参数 h 作为研究的分支参数，由分支理论可知，当 $\mathrm{Im}(\lambda_k) \neq 0$ 和 $\mathrm{Re}(\lambda_k) = 0$ 在 $k = 0$ 成立时，Hopf 分叉发生且 Hopf 分叉曲线为式 （2-27）。

$$\frac{su_*^2}{\beta\gamma(\beta + u_*)^2} + \frac{h}{(\rho + u_*)^2} - \frac{\alpha\beta}{(\beta + u_*)^2} = 1 \qquad (2\text{-}27)$$

当 $\mathrm{Im}(\lambda_k) = 0$ 和 $\mathrm{Re}(\lambda_k) = 0$ 在 $k = k_T \neq 0$ 成立时，Turing 分支发生且分支参数的临界值 h_T 满足如式 （2-28） 所示的 Turing 分支曲线。

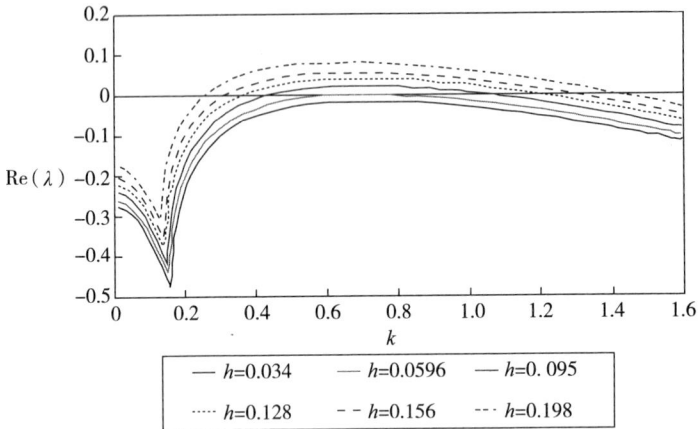

图 2-2　当 h 变化时，特征值 λ 的实部 Re(λ) 与 k 之间的关系

$$\left(\frac{su_*^2}{\beta\gamma(\beta+u_*)^2}+\frac{hu_*}{(\rho+u_*)^2}-u_*\right)d_{22}-\frac{\alpha\beta u_*}{(\beta+u_*)^2}d_{11}-$$

$$\frac{\alpha u_*}{(\beta+u_*)^2\gamma}d_{12}+\frac{su_*}{\beta+u_*}d_{21}-2\sqrt{(d_{11}d_{22}-d_{12}d_{21})\det J}=0$$

$$(2-28)$$

通过观察 Hopf 分叉曲线（虚线）和 Turing 分支曲线（实线），我们得到 Hopf 分叉区域和 Turing 不稳定区域。Turing 空间位于 Turing 分支曲线上方以及 Hopf 分叉曲线下方，当系统（2-5）中的参数位于此 Turing 空间内会出现 Turing 失稳，从而出现 Turing 斑图。其中，$\alpha=1.5$，$\beta=0.8$，$\gamma=0.8$，$\rho=0.4$，$s=1$，$d_{11}=1$，$d_{12}=1$，$d_{22}=15$，如图 2-3 所示。

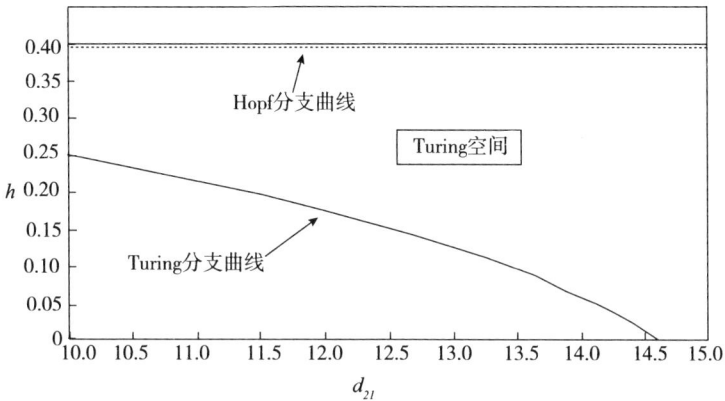

图 2-3　系统（2-5）的分支

2.4　数值模拟

下面我们通过 Matlab 软件对关于系统（2-5）的空间斑图进行数值模拟。所有的数值模拟都在离散格子 200×200 内进行，两个格子之间的距离是由晶格常数 Δh 确定的，取定 $\Delta h = 1$，时间间隔 $\Delta t = 0.01$。初始条件是种群的初始随机分布，所有的数值模拟都采用了齐次 Neumann 边界条件。由于食饵和捕食者的空间分布是类似的，所以在接下来的数值模拟中我们仅研究食饵空间斑图的形成。

先设定参数：$\alpha = 1.5$，$\beta = 0.8$，$\gamma = 0.8$，$\rho = 0.4$，$s = 1$，变化 h 的值，根据 Turing 分支曲线，可以得到 h 的临界值 $h_T = 0.0596$，这里扩散系数取值：$d_{11} = 1$，$d_{12} = 1$，$d_{22} = 15$，$d_{21} = 14$。

图 2-4 展示了当 $h = 0.110$ 时，食饵 u 的空间斑图演化过程。四个子图的迭代步数分别为（0，20000，60000，800000），从图2-4（a）中右边颜色条（colorbar）数值基本不变可看出，初值选

取为平衡解 $E_* = (0.3660, 0.5718)$ 加上一个随机扰动，之后出现了类似点状斑图，如图 2-4（b）所示，然后条状斑图占优，如图 2-4（c）所示，最终条状斑图占据整个区域，如图 2-4（d）所示，并且系统的动力学行为不再发生变化。

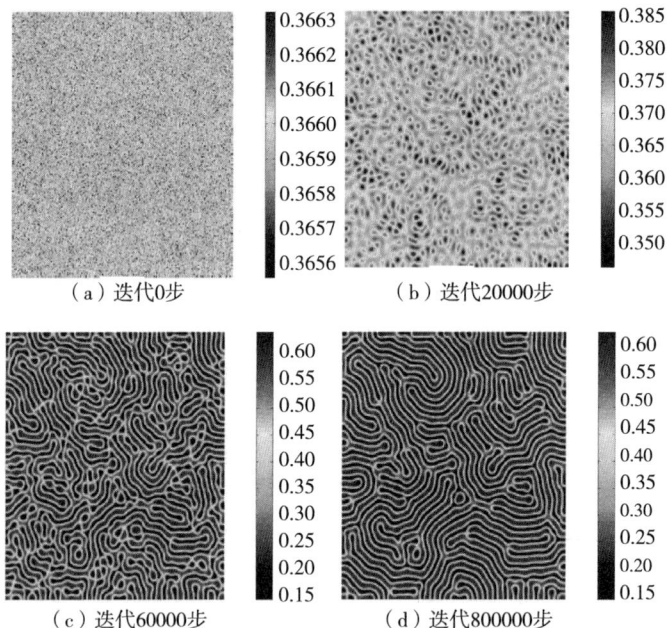

图 2-4　当 $h = 0.110$ 时，食饵 u 随时间演化的空间斑图

图 2-5 展示了当 $h = 0.082$ 时，食饵 u 的空间斑图演化过程。图 2-5 中四个子图的迭代步数分别为（0，80000，140000，800000）。

图 2-6 展示了当 $h = 0.071$ 时，食饵 u 的空间斑图演化过程，四个子图的迭代步数分别为（0，130000，170000，800000）。

图 2-5 和图 2-6 均是初值选取为平衡解加上一个随机扰动，之后均出现点状斑图和条状斑图共存的现象。不同的是，图 2-5（d）中条状斑图明显占优，而图 2-6（d）中点状斑图明显占优，然

（a）迭代0步   （b）迭代80000步

（c）迭代140000步   （d）迭代800000步

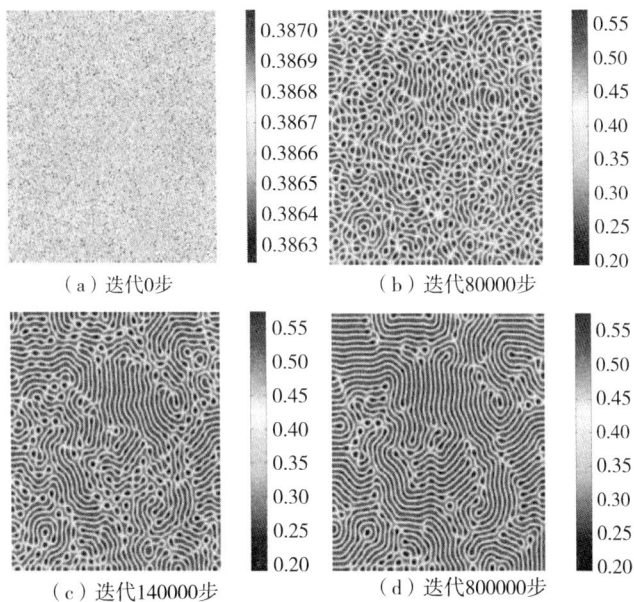

图 2-5   当 $h = 0.082$ 时，食饵 u 随时间演化的空间斑图

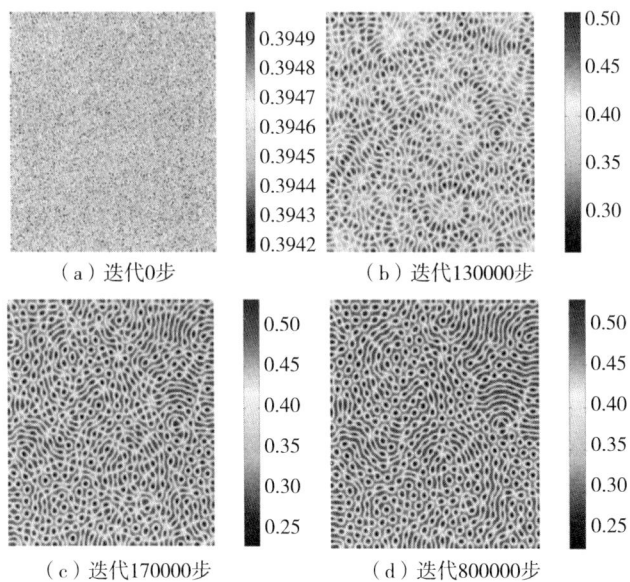

（a）迭代0步   （b）迭代130000步

（c）迭代170000步   （d）迭代800000步

图 2-6   当 $h = 0.071$ 时，食饵 u 随时间演化的空间斑图

而这两种斑图在本质上还是不同的，因为它们的波长是不一样的。

图 2-7 展示了当 $h=0.065$ 时，食饵 u 随时间演化的空间斑图。图 2-7 中四个子图的迭代步数分别为（0，280000，340000，800000），从图 2-7（a）中的右边颜色条（colorbar）数值基本不变可以看出，初值选取为平衡解 $E_*=(0.3988，0.6232)$ 加上一个随机扰动后出现了点状和条状共存的现象，如图 2-7（b）和图 2-7（c）所示，我们能看到，最终点状斑图占据整个区域，如图 2-7（d）所示，并且系统的动力学行为不再发生变化。

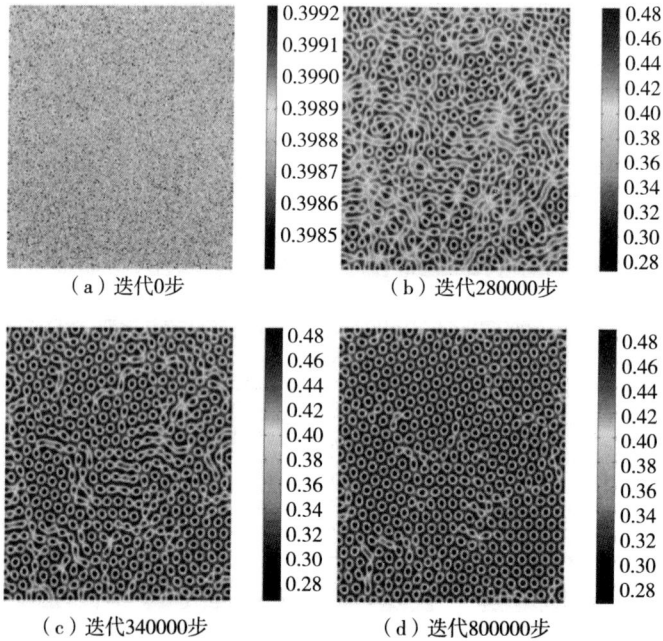

（a）迭代0步　（b）迭代280000步
（c）迭代340000步　（d）迭代800000步

图 2-7　当 $h=0.065$ 时，食饵 u 随时间演化的空间斑图

2.5　本章小结

基于收获策略对生态经济系统动力学行为的重要影响，本章从理论上研究了一类具有非线性收获效应的捕食者—食饵捕获经济模型的空间斑图生成与选择问题。利用数值方法，得到了系统在不同参数下随时间演化的空间斑图，对理论结果的正确性进行了验证。从理论分析和数值结果可以得到下列结论：

第一，自扩散不会导致系统（2-4）产生 Turing 斑图现象。即系统（2-4）Turing 斑图的产生是由交叉扩散引起的。

第二，非线性收获效应影响了 Turing 斑图的生成。在其他参数固定情况下，当捕捞努力参数 h 必须大于某个临界值 h_T 时，系统才会出现 Turing 不稳定现象。通过 Hopf 分叉曲线和 Turing 分支曲线，得到 Hopf 分叉区域和 Turing 不稳定区域。

第三，非线性收获效应影响了 Turing 斑图的选择。即随着捕捞努力参数 h 的变化，系统展现了点状、条状以及二者共存的斑图结构。

上述结论可应用于实际生活中，帮助我们认识到在实际生产捕捞过程中，如何控制渔民的经济利益才会使得资源循环利用和生态环境可持续发展。同时，又能够使得鱼类资源被人类有效利用，实现生态资源的充分利用。

第❸章
一类企业集群危机传染病模型的空间斑图动力学研究

3.1 引言

　　企业集群是指生产同一类型商品或经济上有密切关联的企业在地理位置上的聚集。企业集群的传染病并不是传统生物学意义上的从某种生物身上通过某种途径传染给另一种生物的传染病，而是指企业的造假、伪劣、偷工减料等不良行为。在一定条件下，具有这些不良行为的企业更容易获得更高的收益，导致其他企业竞相模仿，使这些不良行为如传染病一样在企业之间传播。企业集群危机传播符合传染病模型的特征。

　　在传染病的动力学研究中，特别是传染病模型的空间斑图动力学，许多学者得出了有价值的结论，如传染病模型中自扩散和反应扩散引起的 Turing 不稳定，通过数值模拟得到了点状、条形和点条混合的一系列不同类型的 Turing 斑图。在 J. Li（2014）、W. M. Wang（2011）讨论的传染病模型中，交叉扩散系数都是正数。同理，对于企业传染病模型，通常交叉扩散系数都是正数，其经济学意义是当企业暴发传染病危机时，危机传播程度从企业集群高密度区域向低密度区域移动（D. U. Yan，2014；Q. Liu，2007）。

在实际生活中，企业集群低密度区域向高密度区域移动的现象也是存在的。例如，一方面，当危机发生时危机产生源于对企业的信任遭到破坏。从产品质量危机到财务危机，抑或人才流失的危机。另一方面，危机在企业集群间的传播速度取决于信息在集群间的传播速度、集群企业关联的紧密程度、企业自身有完善的危机管理系统反而容易被易感染企业传。所以在某种特定的情况下，这种发病企业向易感染企业移动的现象在模型中则表现为交叉扩散系数为负数。据我们所知，带有负交叉扩散系数的传染病模型 Turing 斑图在生物模型中很少被研究，尤其在传染病模型的企业集群传播问题中未得到研究。

本章研究了一类带负交叉扩散系数的，针对企业集群传播危机的二维传染病系统中 Turing 斑图产生问题。首先结合传染病和企业集群之间的联系，建立带负交叉扩散项的传染病企业集群模型，分别分析企业集群传染病交叉扩散系数和传染病系数对企业集群危机传播的影响。其次利用稳定性理论和 Hopf 分叉理论得到了 Turing 失稳的条件以及 Turing 斑图的存在区域，然后考虑到在二维空间中参数对斑图构造的影响，得到了 Turing 失稳的区域。最后利用 Matlab 软件模拟得到了点状、条状以及二者共存等不同类型的 Turing 斑图。结果显示，负交叉扩散效应对空间斑图的形成具有很大影响，即负交叉扩散诱导出了规则斑图。

3.2 一类带有负交叉扩散项的
企业集群传染病模型

马知恩和周义仓（2001）在研究中提出了比例依赖型的模型。

$$\frac{dS}{dt} = \gamma\left(1 - \frac{S}{K}\right) - \frac{\beta SI}{S + I} + cI \qquad (3-1a)$$

$$\frac{dI}{dt} = \frac{\beta SI}{S + I} - (\mu + d + c)I(t) \qquad (3-1b)$$

$$\frac{dR}{dt} = \mu I - dR \qquad (3-1c)$$

由于 R 与 S、I 无关，马知恩和周义仓（2001）主要讨论了如式（3-2a）和式（3-2b）所示的微分系统。

$$\frac{dS}{dt} = \gamma\left(1 - \frac{S}{K}\right) - \frac{\beta SI}{S + I} + cI \qquad (3-2a)$$

$$\frac{dI}{dt} = \frac{\beta SI}{S + I} - (\mu + d + c)I(t) \qquad (3-2b)$$

马知恩和周义仓（2001）利用稳定性理论，研究了其平衡点的存在性与稳定性。考虑到疾病对易感染者与感染者心理上的影响，我们在此基础上建立了一类基于企业集群危机传播特征的带有负交叉扩散项的传染病模型：

$$\frac{\partial S(t)}{\partial t} = \gamma S(t)\left(1 - \frac{S(t)}{K}\right) - \frac{\beta S(t)I(t)}{\alpha_1 S(t) + \alpha_2 I(t)} +$$
$$cI(t) - \mu S(t) + d_{11}\Delta S(t) + d_{12}\Delta I(t) \qquad (3-3a)$$

$$\frac{\partial I(t)}{\partial t} = \frac{\beta S(t)I(t)}{\alpha_1 S(t) + \alpha_2 I(t)} - (\mu + d + c)I(t) +$$

$$d_{21}\Delta S(t) + d_{22}\Delta I(t) \tag{3-3b}$$

$$\frac{\partial S}{\partial n} = \frac{\partial I}{\partial n} = 0, \text{ on } \partial\Omega \times (0, \infty) \tag{3-3c}$$

其中，$S(t)$ 和 $I(t)$ 分别表示 t 时刻易感染企业和发病企业的集群密度，γ 表示企业免疫能力，K 表示企业集群之间环境的影响力，μ 表示企业的自然淘汰率，d 表示了因传染淘汰率，c 表示了感染企业的免疫率，β 表示企业传染病危机传播系数，α_1 和 α_2 是危机影响系数。并且，α_1 和 α_2 都是常数，其中 d_{11} 和 d_{22} 是自扩散系数且是正常数，d_{12} 和 d_{21} 是交叉扩散系数，Δ 代表空间 Ω 中的 Laplacian 算子。Neumann 边界条件表明模型 (3-3) 是自我封闭的，且是零流量的。n 代表着光滑边界 $\partial\Omega$ 上的单位外法向。$\dfrac{\beta}{\alpha_1 S(t) + \alpha_2 I(t)}$ 是传染率。

3.3　稳定性分析

首先考虑模型（3-3）。已知系统（3-1）有很多平衡点，包括 $E_0 = (0, 0)$、正平衡点 $E_* = (S^*, I^*)$ 和稳定节点 $E_1 = \left(K\left(1 - \dfrac{\mu}{\gamma} \right) \right)$。

其中：

$$S^* = \frac{K(-\beta d - \beta\mu + \mu^2\alpha_1 + d^2\alpha_1 - \mu^2\alpha_2 + 2\mu d\alpha_1 + c\mu\alpha_1)}{\gamma\alpha_2(\mu + d + c)} +$$

$$\frac{K(cd\alpha_1 + \gamma\alpha_2\mu + \gamma\alpha_2 d + \gamma\alpha_2 c - \mu\alpha_2 d - c\mu\alpha_2)}{\gamma\alpha_2(\mu + d + c)} \tag{3-4a}$$

$$I^* = \left[\frac{-K(-\beta d - \beta \mu + \mu^2 \alpha_1 + d^2 \alpha_1 - \mu^2 \alpha_2 + 2\mu d\alpha_1 + c\mu\alpha_1 + cd\alpha_1)}{\gamma \alpha_2^2 (\mu + d + c)^2} - \right.$$

$$\left. \frac{K(\gamma \alpha_2 \mu + \gamma \alpha_2 d + \gamma \alpha_2 c - \mu \alpha_2 d - c\mu\alpha_2)}{\gamma \alpha_2^2 (\mu + d + c)^2} \right] \cdot$$

$$(-\beta + \mu \alpha_1 + d\alpha_1 + c\alpha_1) \qquad (3\text{-}4\text{b})$$

且

$$(\mu + d + c)\alpha_1 < \beta < \frac{[(\mu + d)\alpha_1 + (\gamma - \mu)\alpha_2](\mu + d + c)}{\mu + d}$$

$$(3\text{-}4\text{c})$$

定理 3.1 不带有扩散项系统（3-3）的平衡点 (S^*, I^*) 是局部渐近稳定的。

证明： 为了讨论方便，记

$$f(S,I) = \gamma S(t)\left(1 - \frac{S(t)}{K}\right) - \frac{\beta S(t)I(t)}{\alpha_1 S(t) + \alpha_2 I(t)} + cI(t) - \mu S(t)$$

$$(3\text{-}5\text{a})$$

$$g(S,I) = \frac{\beta S(t)I(t)}{\alpha_1 S(t) + \alpha_2 I(t)} - (\mu + d + c)I(t) \qquad (3\text{-}5\text{b})$$

设

$$J = \begin{pmatrix} a_{11} & a_{12} \\ a_{21} & a_{22} \end{pmatrix} \qquad (3\text{-}6)$$

其中，

$$a_{11} = \left.\frac{\partial f}{\partial S}\right|_{E^*} = -(d^3 \alpha_1^2 + \mu^3 \alpha_1^2 - \beta \mu^2 \alpha_2 + c^3 \alpha_1^2 - \beta \mu \alpha_2 d -$$

$$2\beta c\mu\alpha_1 - 2\beta cd\alpha_1 - \beta \mu \alpha_2 c - \beta \gamma \alpha_2 \mu + \beta \gamma \alpha_2 d + \beta \mu \alpha_2 c +$$

$$6\mu \alpha_1^2 dc - 2\beta c^2 \alpha_1 + 3\mu^2 \alpha_1^2 d + 3\mu^2 \alpha_1^2 c + 3\mu \alpha_1^2 d^2 + 3\mu \alpha_1^2 c^2 +$$

$$3d^2 \alpha_1^2 c + 3d\alpha_1^2 c^2 - \beta^2 \mu - \beta^2 d + \beta^2 c) \frac{1}{\alpha_2 \beta(\mu + d + c)}$$

$$(3\text{-}7\text{a})$$

$$a_{12} = \frac{\partial f}{\partial I}\bigg|_{E^*} = -\,(-c\beta + \mu^3\alpha_1 + 2\mu d\alpha_1 + 2c\mu\alpha_1 +$$

$$d^2\alpha_1 + 2cd\alpha_1 + c^2\alpha_1)\,\frac{1}{\beta} \tag{3-7b}$$

$$a_{21} = \frac{\partial g}{\partial S}\bigg|_{E^*} = (\mu\alpha_1 + d\alpha_1 - \beta + c\alpha_1)^2\,\frac{1}{\beta\alpha_2} \tag{3-7c}$$

$$a_{22} = \frac{\partial g}{\partial I}\bigg|_{E^*} = (\mu^2\alpha_1 + 2\mu d\alpha_1 + 2c\mu\alpha_1 + d^2\alpha_1)\,\frac{1}{\beta} +$$

$$(2cd\alpha_1 - \beta\mu - \beta d - c\beta + c^2\alpha_1)\,\frac{1}{\beta} \tag{3-7d}$$

J 的特征方程是（3-8）。

$$|\lambda E - J| = \begin{vmatrix} \lambda - a_{11} & -a_{12} \\ -a_{21} & \lambda - a_{22} \end{vmatrix} = \lambda^2 - (a_{11} + a_{22})\lambda^2 - \lambda tr_0 +$$

$$\det J = 0 \tag{3-8}$$

其中，

$$tr_0 = a_{11} + a_{22} \tag{3-9a}$$

$$\det J = a_{11}a_{22} + a_{12}a_{21} \tag{3-9b}$$

易知 $tr_0<0$ 和 $\det J>0$ 当且仅当 $\max\{t_1, t_3\}<\beta<\min\{t_2, t_4\}$。

其中，

$$t_1 = \frac{(\mu + d + c)}{2(\mu - c + d)}\bigg\{\alpha_2(d + c + \gamma) - 2\alpha_1 c - [2\alpha_2^2(dc + dr + c\gamma) +$$

$$\alpha_2^2(d^2 + c^2 + \gamma^2) + 8d\mu(\alpha_1^2 - \alpha_1\alpha_2) + 4\alpha_1^2(\mu^2 + d^2) -$$

$$4\alpha_1\alpha_2(dc + rc + \mu^2 + d^2)]^{\frac{1}{2}}\bigg\} \tag{3-10a}$$

$$t_2 = \frac{(\mu + d + c)}{2(\mu - c + d)}\bigg\{\alpha_2(d + c + \gamma) - 2\alpha_1 c - [2\alpha_2^2(dc + dr + c\gamma) +$$

$$\alpha_2^2(d^2 + c^2 + \gamma^2) + 8d\mu(\alpha_1^2 - \alpha_1\alpha_2) + 4\alpha_1^2(\mu^2 + d^2) -$$

$$4\alpha_1\alpha_2(dc + rc + \mu^2 + d^2)]^{\frac{1}{2}}\bigg\} \tag{3-10b}$$

$$t_3 = \alpha_1(\mu + d + c) \tag{3-10c}$$

$$t_4 = \frac{\left[(\mu + d)\alpha_1 + (\gamma - \mu)\alpha_2\right](\mu + d + c)}{\mu + d} \qquad (3-10\text{d})$$

通过 Routh-Hurwitz，我们知道正平衡点 (S^*, I^*) 是局部渐近稳定的。

经济学分析：

其一，当企业集群危机传播的传染病系统有且只有唯一的 $E_0 = (0, 0)$ 平衡点，即易感染企业和发病企业的数量都为 0 时，该系统就处于平衡状态。该点即为企业集群危机传播系统中危机传播消除的平衡点，代表随着时间的推移，企业集群系统里的传染病危机将会在系统内被消除。

其二，当企业集群危机传播的传染病系统存在唯一的正平衡点 (S^*, I^*)，即易感染企业和发病企业的数量都为正数时系统处于平衡状态。该点即为企业集群危机传播系统中危机传播的局部渐近稳定平衡点。从经济学上考虑，正平衡点更加有讨论的意义。通过传染病模型传染过程的分析可以看出：当企业集群暴发传染病危机时，集群中的企业会感知到危机，但感知到的危机并不一定会传染给企业，当且仅当企业感受到的危机超过其能承受危机的最大阈值时，危机才会在企业集群间传染并危及每个集群企业。即易感染企业集群和发病企业集群之间的传染病传播危机得到一定的平衡。

现在我们考虑系统（3-3），并且对平衡点 (S^*, I^*) 进行线性化分析。如式（3-11a）和式（3-11b）所示，在平衡点 (S^*, I^*) 处有微扰动。

$$S(x,y,t) = S^* + \varepsilon S(x,y,t) , \ |\varepsilon S(x,y,t)| << S^* \qquad (3-11\text{a})$$

$$I(x,y,t) = I^* + \varepsilon I(x,y,t) , \ |\varepsilon I(x,y,t)| << I^* \qquad (3-11\text{b})$$

其中，

$$\varepsilon S(x,y,t) = S_0 e^{\lambda t} e^{i(k_x x + k_y y)} \qquad (3-12\text{a})$$

$$\varepsilon I(x,y,t) = I_0 e^{\lambda t} e^{i(k_x x + k_y y)} \qquad (3-12\text{b})$$

其中，λ 是在时间 t 上的扰动增长率，k_y 是相应的振幅，i 是虚数单位，并且有 $i^2 = 1$，$k = \sqrt{k_x^2 + k_y^2}$ 是波数。S_0 和 I_0 是两个正常数。把式（3-11）代入式（3-3），并且省略所有的非线性项，我们可以得到特征方程（3-13）。

$$|J - k^2 D - \lambda I| = 0 \qquad (3\text{-}13)$$

其中，

$$I = \begin{pmatrix} 1 & 0 \\ 0 & 1 \end{pmatrix}, \ D = \begin{pmatrix} d_{11} & d_{12} \\ d_{21} & d_{22} \end{pmatrix} \qquad (3\text{-}14)$$

特征方程（3-13）的解如式（3-15）所示。

$$\lambda_k = \frac{tr_k \pm \sqrt{tr_k^2 - 4\delta_k}}{2} \qquad (3\text{-}15)$$

其中，

$$tr_k = a_{11} + a_{22} - (d_{11} + d_{22})k^2 \qquad (3\text{-}16)$$

$$\delta_k = (d_{11}d_{22} - d_{12}d_{21})k^4 - (a_{11}d_{22} + a_{22}d_{11} - a_{12}d_{21} - a_{21}d_{12})k^2 + \det J \qquad (3\text{-}17)$$

我们选择 β 作为分支参数。当 $\mathrm{Im}(\lambda_k) \neq 0$ 和 $\mathrm{Re}(\lambda_k) = 0$ 在 $k = 0$ 时成立，系统出现 Hopf 分叉，这样我们能得到如式（3-18）所示的 Hopf 分支曲线。

$$a_{11} + a_{22} = 0 \qquad (3\text{-}18)$$

利用稳定性定理（Y. Wang，2010；Q. Zheng，2015；Q. Yang，2010），我们知道当 $\mathrm{Im}(\lambda_k) = 0$ 和 $\mathrm{Re}(\lambda_k) = 0$ 在 $k = k_T \neq 0$ 时成立，Turing 分支出现，且波数 k_T 满足式（3-19）。

$$k_T^2 = \sqrt{\frac{a_{11}a_{22} - a_{12}a_{21}}{d_{11}d_{22} - d_{12}d_{21}}} \qquad (3\text{-}19)$$

因此，分支参数 β_T 满足如式（3-20）所示的 Turing 分支曲线。

$$a_{11}d_{22} + a_{22}d_{11} - a_{21}d_{12} - a_{12}d_{21} - 2\sqrt{(d_{11}d_{22} - d_{12}d_{21})\det J} = 0 \qquad (3\text{-}20)$$

根据 Hopf 和 Turing 分支曲线（罗荣桂，2006；马源源，2013），我们得到 Hopf 分叉区域和 Turing 不稳定区域。

当 $d_{11}=0.02$，$d_{12}=0.1$，$d_{21}=-0.1$，$d_{22}=5$ 时，在图 3-1 中，可以看到系统（3-3）的分支图包含了 Turing 分支曲线和 Hopf 分支曲线，并且它们把 γ-β 参数空间分成了四个区域，区域 D_{11} 被称为 Turing 空间，在这里发生 Turing 失稳，区域 D_{12} 被称为 Hopf 空间，在这里发生 Hopf 失稳。

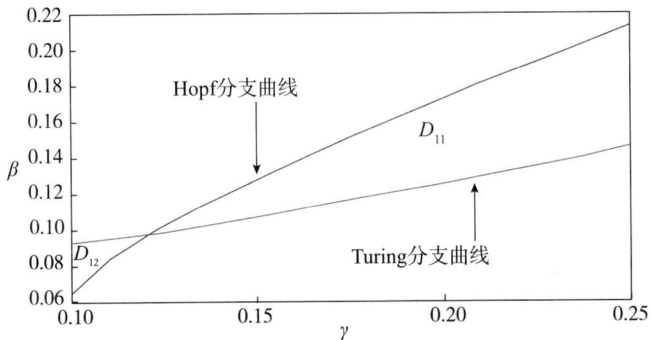

图 3-1　系统（3-3）的分支图

为了更好地理解不同参数对系统稳定性的影响效果，图 3-2 给出了随参数 d_{21} 变化的特征值 λ 的实部 $Re(\lambda)$ 和 k 的色散关系图。即当参数取 $\gamma=0.2$，$K=1$，$\mu=0.12$，$d=0.08$，$c=0.04$，$\alpha_1=0.4$，$\alpha_2=0.5$，$d_{11}=0.02$，$d_{12}=0.1$，$d_{22}=5$，$\beta=0.1380$ 和取不同的 d_{21} 时：

线（1）中 $d_{21}=-0.05$，线（2）中 $d_{21}=-0.9$，线（3）中 $d_{21}=-1.13$，线（4）中 $d_{21}=-1.2$。

线（3）对应 Turing 临界值 $d_{21}=-1.13$，$d_{21}=-0.9>-1.13$ 时，Turing 失稳发生，当 $d_{21}=-1.2<-1.13$ 时，Turing 失稳消失。也就是说，此刻系统（3-3）的平衡解为稳定态。

在图 3-3 中，给出了随参数 β 变化的特征值 λ 的实部 $Re(\lambda_k)$ 和 k 的色散关系图。当 $\gamma=0.2$，$K=1$，$\mu=0.12$，$d=$

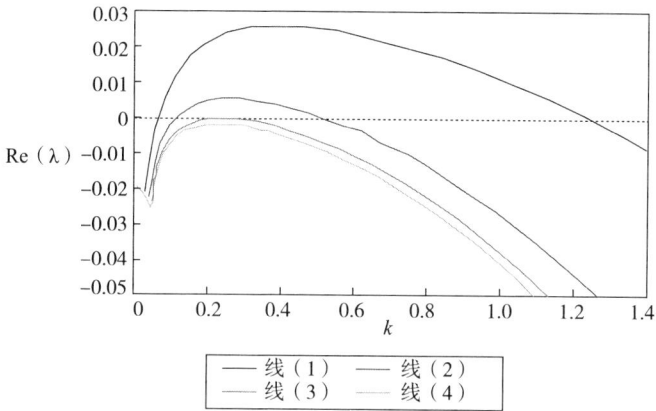

图 3-2 当参数 d_{21} 变化时，特征值 λ 的实部 $\mathrm{Re}(\lambda)$ 与 k 之间的关系

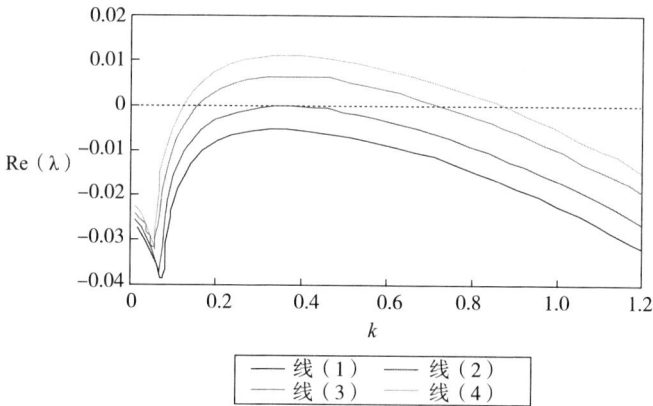

图 3-3 当参数 β 变化时，特征值 λ 的实部 $\mathrm{Re}(\lambda)$ 与 k 之间的关系

0.08，$c=0.04$，$\alpha_1=0.4$，$\alpha_2=0.5$，$d_{11}=0.02$，$d_{12}=0.1$，$d_{22}=5$，$d_{21}=-0.1$ 时和 β 取不同值时：

在线（1）中 $\beta=0.1250$，线（2）中 $\beta=0.1272$，线（3）中 $\beta=0.1300$，线（4）中 $\beta=0.1350$。

线（2）对应着 Turing 临界值 $\beta=0.1272$，当 $\beta=0.1300>0.1272$ 时，Turing 失稳发生，当 $\beta=0.1250<0.1272$ 时，Turing 失稳消失。也就是说，此刻系统（3-3）的平衡解为稳定态。

3.4　数值模拟

下面我们将通过 Matlab 对系统（3-3）进行一系列的数值模拟。所有的数值模拟均运用齐次 Nuemann 边界条件。将空间区域离散为 200×200 个格子。对空间的离散采用有限差分法，设定空间步长 $\Delta h = 0.25$，对时间的离散采用欧拉方法，取定时间步长 $\Delta t = 0.01$。

首先设 $\gamma = 0.2$，$K = 1$，$\mu = 0.12$，$d = 0.08$，$c = 0.04$，$\alpha_1 = 0.4$，$\alpha_2 = 0.5$，$d_{11} = 0.02$，$d_{12} = 0.1$，$d_{22} = 5$，$\beta = 0.1380$。现在我们研究参数 d_{21} 的不同值所产生的斑图。

在图 3-4 中，$d_{21} = -0.05$，且四个子图迭代步数分别为：（a）$t = 0$，（b）$t = 20000$，（c）$t = 40000$，（d）$t = 800000$。

图 3-4（a）为初始状态，几乎没有变化。颜色条数值基本不变，初值选取为平衡解加上一个随机扰动。

图 3-4（b）中出现类条状斑图。

图 3-4（c）中出现条状斑图。

图 3-4（d）中充斥着条状斑图并且保持稳定，状态不再改变。条状斑图几乎占据了整个区域，且系统的动力学行为不再发生变化。

当 $d_{21} = -0.7$，且四个子图迭代步数分别为（a）$t = 0$，（b）$t = 56000$，（c）$t = 70000$，（d）$t = 490000$ 时，染病者的时间演化图如图 3-5 所示。

当 $d_{21} = -0.9$，且四个子图迭代步数分别为（a）$t = 0$，（b）$t = 90000$，（c）$t = 120000$，（d）$t = 800000$ 时，染病者的时间演化图如图 3-6 所示。

（a）迭代0步　　　　　　　　　　（b）迭代20000步

（c）迭代40000步　　　　　　　　（d）迭代800000步

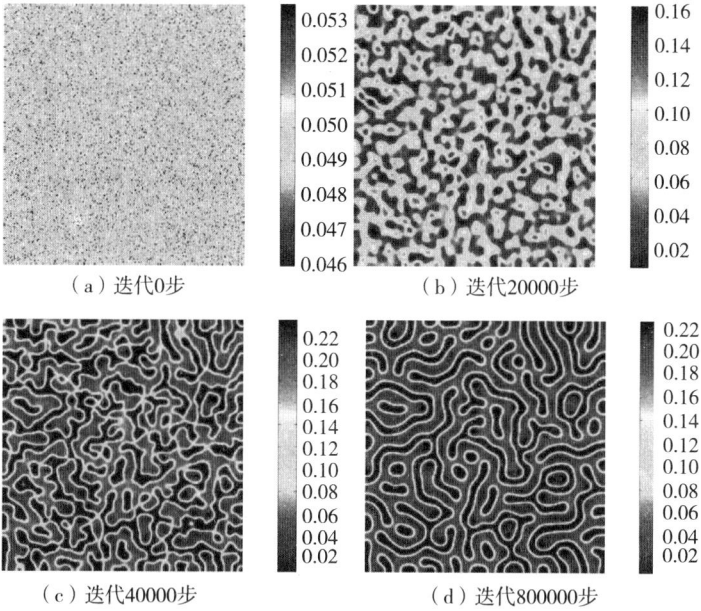

图 3-4　当 $d_{21} = -0.05$ 时，随时间演化的空间斑图

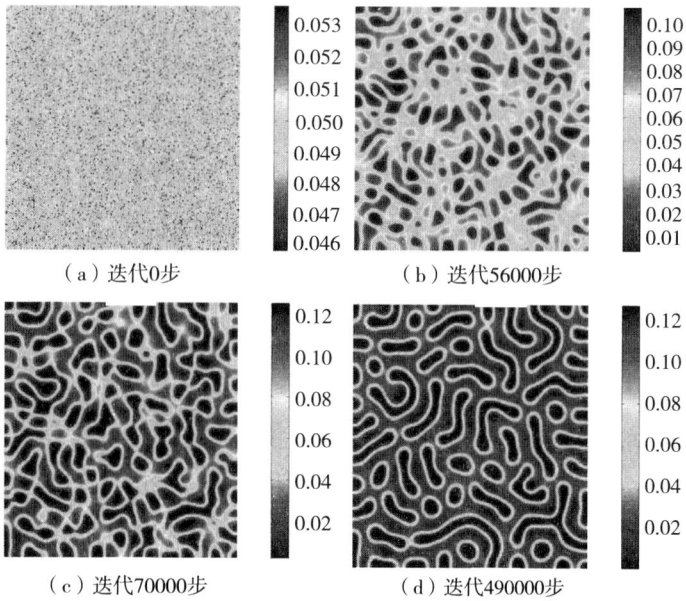

（a）迭代0步　　　　　　　　　　（b）迭代56000步

（c）迭代70000步　　　　　　　　（d）迭代490000步

图 3-5　当 $d_{21} = -0.7$ 时，随时间演化的空间斑图

由图 3-5 和图 3-6 可见，随着时间的演化，最终点状斑图和条状斑图共存。但图 3-5 中条状斑图占优。而当 d_{21} 达到 -0.9 时，点状斑图会占优，如图 3-6（d）所示。

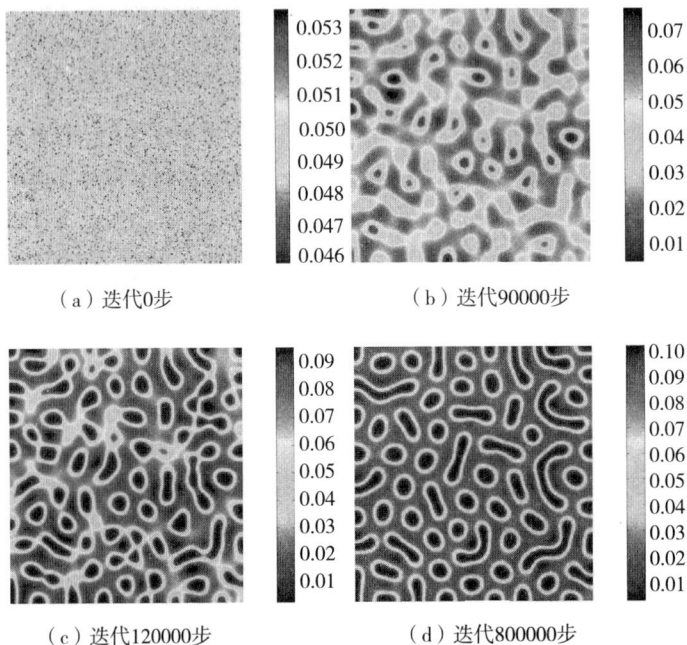

（a）迭代0步　　　　　　　　（b）迭代90000步

（c）迭代120000步　　　　　　（d）迭代800000步

图 3-6　当 $d_{21} = 0.9$ 时，随时间演化的空间斑图

当 $d_{21} = -1.1$，四个子图迭代步数分别为（a）$t = 0$，（b）$t = 520000$，（c）$t = 600000$，（d）$t = 800000$ 时，染病者的时间演化图如图 3-7 所示。

由图 3-7 可见，当交叉扩散系数 d_{21} 增至 -1.1 时，最终点状斑图几乎占满整个空间。该结果与企业集群危机传播中传染病的现象相符，这是因为交叉扩散系数 d_{21} 的绝对值越来越大时，染病企业扩散至易感染企业的过程也越快，染病企业感染易感染企业的数量也越多，对应于企业集群疫病感染期间，企业集群聚集地区感染企业数量急剧膨胀。这在空间上的分布显示为点状，易

（a）迭代0步　　　　　　　　（b）迭代520000步

（c）迭代600000步　　　　　　（d）迭代800000步

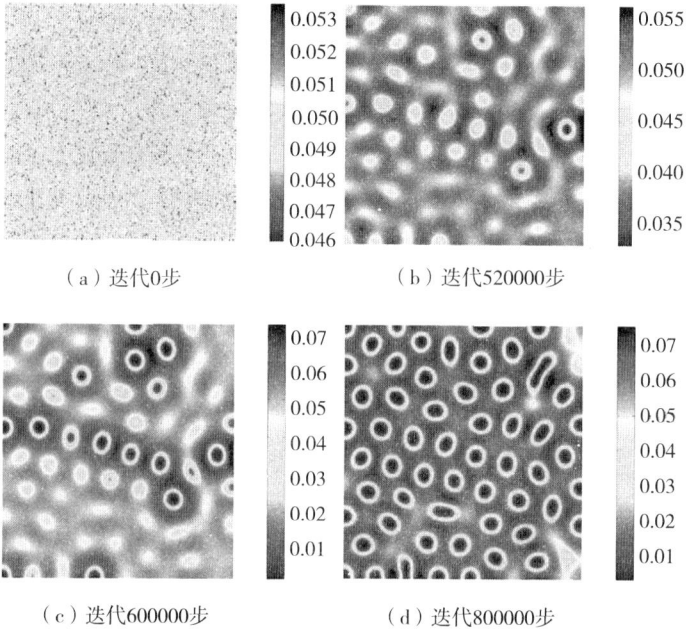

图 3-7　当 $d_{21} = -1.1$ 时，随时间演化的空间斑图

感染企业集群和发病企业集群之间的传染病传播危机得到一定的平衡。同时我们研究了参数 β 的不同值所产生的斑图，其他参数取 $d_{11} = 0.02$，$d_{22} = 5$，$d_{12} = 0.1$，$d_{21} = -0.1$，$\gamma = 0.2$，$\mu = 0.12$，$d = 0.08$，$c = 0.04$，$\alpha_1 = 0.4$，$\alpha_2 = 0.5$。

　　图 3-8~图 3-11 展示的为易感染企业 u 在不同时间点的空间斑图。图 3-8 中 $\beta = 0.1280$，且四个子图迭代步数分别为（a）$t = 0$，（b）$t = 220000$，（c）$t = 320000$，（d）$t = 600000$。图 3-8（a）为初始状态，通过添加扰动之后出现了类点状斑图，如图 3-8（b）所示；之后圆点变多如图 3-8（c）所示；最终圆点斑图充满全部空间，并保持稳定不变，如图 3-8（d）所示。

（a）迭代0步　　　　　　　　　（b）迭代220000步

（c）迭代320000步　　　　　　　（d）迭代600000步

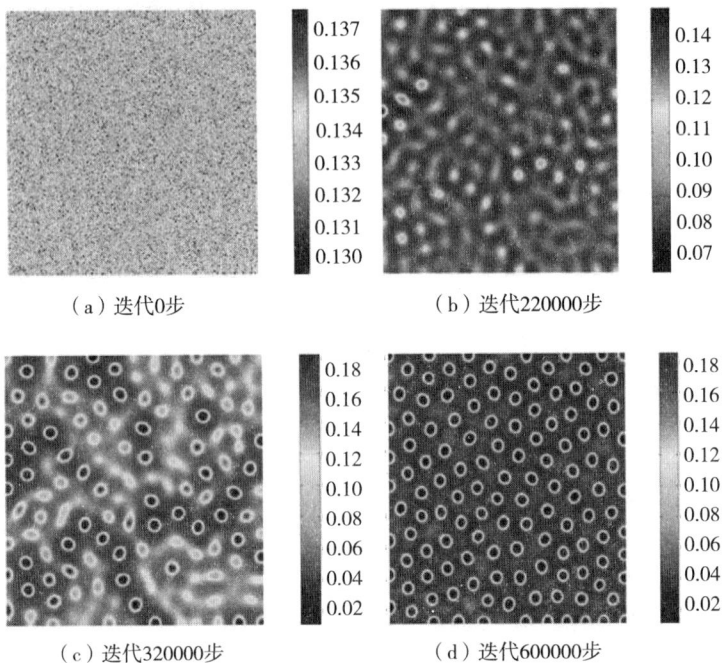

图 3-8　当 $\beta = 0.1280$ 时，随时间演化的空间斑图

图 3-9 中 $\beta = 0.1300$，四个子图的时间点分别为 0，60000，100000 和 800000，图中关于易感染企业的分布条状斑图 H_π 斑图（亦称圆点斑图）最终共存，且圆点数量多于条状。

图 3-10 中 $\beta = 0.1350$，四个子图迭代步数分别为 0，36000，90000 和 800000，条状斑图与 H_π 斑图最终也共存，但这里条状斑图优于 H_π 斑图。

图 3-11 中，当 β 增大为 0.1400，且四个子图迭代步数分别为 0，19000，50000 和 800000，H_π 斑图最终占据整个区域。

由图 3-8 可见，当企业传染病危机传播系数 β 在 Turing 临界值附近 0.1280 时，点状斑图几乎占满整个空间，易感染企业集群和发病企业集群之间的传染病传播危机得到一定的平衡。

（a）迭代0步　　　　　　　　　　（b）迭代60000步

（c）迭代100000步　　　　　　　（d）迭代800000步

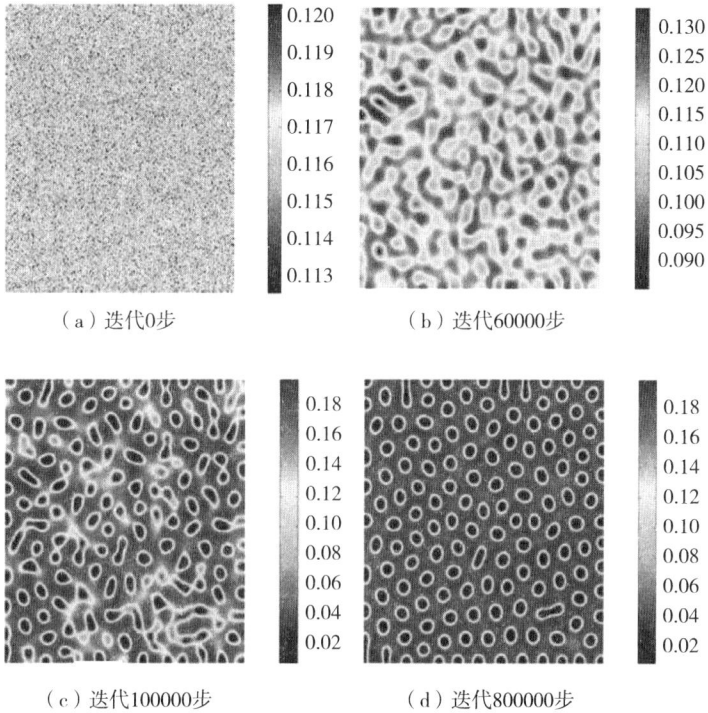

图 3-9　当 $\beta = 0.1300$ 时，随时间演化的空间斑图

由图 3-9~图 3-11 可见，当企业传染病危机传播系数取 $\beta >$ 0.1280 的三个不同值时，Turing 失稳发生。

该结果与企业集群危机传播中传染病的现象相符，这是因为企业传染病危机传播系数 β 的值越来越大时，染病企业扩散至易感染企业的过程也越快，染病企业感染易感染企业的数量也越多。对应于危机发生时，危机在企业集群间是否传播取决于企业感受到的危机是否超出了企业的承受范围，不同的企业对同一危机的承受范围因其规模、大小的不同而不同，同一危机，经营状况良好的企业不会受到太大的影响，而经营状况本身就不好的企业则可能因受此危机影响而倒闭。

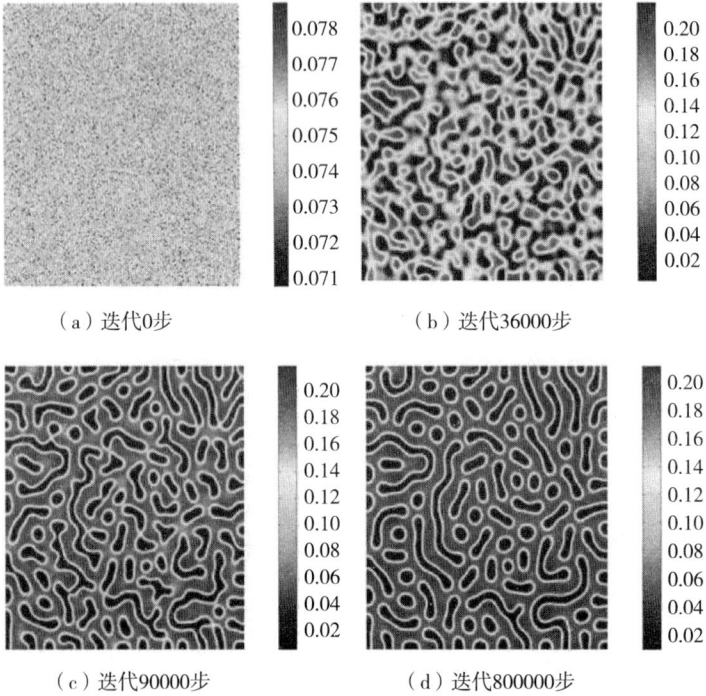

（a）迭代0步   （b）迭代36000步

（c）迭代90000步   （d）迭代800000步

图 3-10　当 $\beta = 0.1350$ 时，随时间演化的空间斑图

所以当危机传播系数达到一定值时，危机超过了企业自身能承受的范围，危机才会有可能被传播。这一方面取决于危机自身的大小，另一方面取决于企业自身抗危机能力的大小。点状斑图和条状斑图共存，最终条状斑图几乎占据了整个区域，意味着易感染企业集群和发病企业集群之间的传染病传播危机失去了平衡。

（a）迭代0步　　　　　　　　　（b）迭代19000步

（c）迭代50000步　　　　　　　（d）迭代800000步

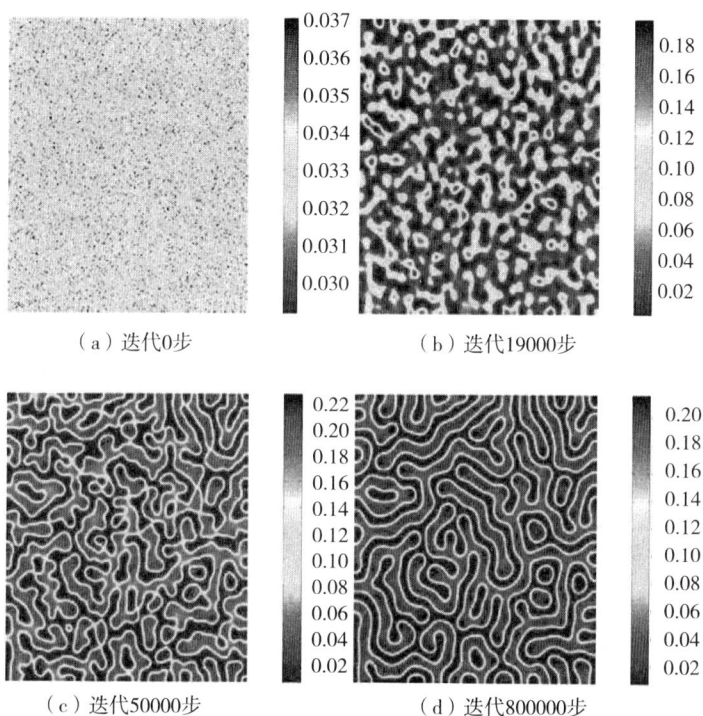

图 3-11　当 $\beta = 0.1400$ 时，随时间演化的空间斑图

3.5　本章小结

在本章中，我们研究了在 Neumann 边界条件下，负交叉扩散对带有非线性传染率的传染病模型在企业集群危机传播中的影响。数值模拟结果与理论结果是一致的，负交叉扩散可引起系统（3-3）在平衡点 E^* 处的 Turing 不稳定性，即我们得到了不同类型的斑图，包括点状斑图、条形斑图和点条混合斑图。

理论结果表明，负交叉扩散将会导致系统（3-3）产生 Turing 斑图现象，即 Turing 斑图的产生是由负交叉扩散引起的。

　　理论与数值结果表明，负交叉扩散效应影响了 Turing 斑图的生成。在其他参数固定情况下，当两种参数产生变化时，只有企业传染病危机传播系数 β 大于某个临界值时，或者企业危机传播传染病负交叉扩散系数 d_{21} 小于某个临界值时，企业集群会产生传染病传播危机，系统才会出现 Turing 不稳定现象。通过 Hopf 分叉曲线和 Turing 分支曲线，得到 Hopf 分叉区域和 Turing 不稳定区域。

　　理论和数值结果表明，非负交叉扩散效应影响了 Turing 斑图的选择。即随着企业传染病危机传播参数 β 或者企业危机传播传染病负交叉扩散参数 d_{21} 的变化，系统展现了点状、条状以及二者共存的斑图结构。因此，企业集群间的危机传播符合传染病模型的特征。

第❹章
基于企业集群危机传播
四维自治系统的动力学分析

4.1 引言

本章研究了一类基于企业集群危机传播的非线性动力学系统丰富的动力学特性。首先建立了一类四维复杂非线性自治系统的动力学模型。其次通过展示分叉图、相图、Lyapunov 指数、分数维、吸引子、功率谱和时间历程图等描述了动态系统的复杂动力学特点，由数值模拟得出系统能够产生超混沌、混沌、准周期和周期性行为现象。与混沌相比，超混沌具有更复杂多样的动力学行为。此外，还观察到参数的改变对四维自治系统的非线性特性有显著影响。

4.2 企业集群危机传播四维自治系统的动力学方程

当企业集群内的某企业发生了严重危机，且危机在企业集群传播时间短、速度快，所以可以假设在此期间，企业集群中的企业数量是恒定不变的，假定为单位 1。既不考虑新进入集群的企业，也不考虑退出集群的企业。根据集群内每个企业感染危机的程度，将集群内的企业分为潜伏类企业 x、发病企业 y、易感染企业 z、病愈企业 u。在时刻 t，这四类企业在企业集群中所占的比例分别为 $x(t)$、$y(t)$、$z(t)$ 和 $u(t)$，并且 $x(t)+y(t)+z(t)+u(t)=1$。

根据以上假设和传染病模型原理，本章构建带有潜伏期的企业危机传播的传染病模型，模型为一个四维连续自治系统，如方程（4-1a）~（4-1d）所示。

$$\dot{x} = ax - yz \qquad\qquad (4\text{-}1a)$$

$$\dot{y} = xz - by \qquad\qquad (4\text{-}1b)$$

$$\dot{z} = cxy - dz + gxu \qquad\qquad (4\text{-}1c)$$

$$\dot{u} = ku - hy \qquad\qquad (4\text{-}1d)$$

其中，x、y、z、$u \in R$ 是状态变量，a、b、c、d、g、k、h 分别为系统（4-1）的参数。x 表示潜伏类企业，y 表示发病企业，z 表示易感染企业，u 表示病愈企业。潜伏企业因感受到危机超过自身的承受范围而变成发病企业的比例为 a，治愈率为 b，每个发病企业的平均有效接触率为 c，而 k 表示免疫企业因免疫力不足而再次变为易感染企业的比例。d 表示企业集群危机传播系数，g 和 h 表示危机影响系数，并且 g 和 h 都是常数。$\frac{1}{c}$ 表示危机在企业集群中的平均潜伏期，$\frac{1}{b}$ 表示危机在企业集群中的平均传染周期，$\frac{1}{k}$ 表示企业集群中对危机的平均免疫周期。当 $a \to \infty$ 时，潜伏类企业变为发病企业，即不存在潜伏企业。$k \to 0$ 时，免疫类企业将永远具有免疫性，即免疫类企业将不会再次变为易感染企业。$k \to \infty$ 时，免疫类企业会变成易感染企业。

下面我们通过研究四维连续自治系统的动力学特性来分析企业集群传播系统中危机传播稳定性和企业集群危机传播系数 d 之间的关系。

对于系统（4-1），当初始值为（-10，1，10，1），参数 $a=8$，$b=40$，$c=2$，$d=14$，$g=5$，$h=0.2$，$k=0.05$ 时，由 Wolf 算法计算出系统（4-1）的四个 Lyapunov 指数分别为：$L_1=0.509162$，$L_2=0.142375$，$L_3=0.00$，$L_4=-45.91015$。

经过理论分析得出，系统（4-1）在参数 $a=8$，$b=40$，$c=2$，$d=14$，$g=5$，$h=0.2$，$k=0.05$ 时，系统产生大量复杂的超混沌动力学现象。

4.3　系统的动态分析

在这一部分中，对新系统（4-1）的基本性质和复杂动力学行为进行了研究，包括 Lyapunov 指数、分数维和吸引子。新的动态系统有以下六个基本性质。

4.3.1　主动态系统的相似性分析

动态系统（4-1）在对应坐标变换下是不变的。

$$(x,y,z,u) \rightarrow (x,-y,-z,-u) \tag{4-2a}$$
$$(x,y,z,u) \rightarrow (-x,-y,z,-u) \tag{4-2b}$$
$$(x,y,z,u) \rightarrow (-x,y,-z,u) \tag{4-2c}$$

式（4-2a）~式（4-2c）反映了系统（4-1）关于 x 或 z 轴对称，关于 y 或 u 轴不对称。

图 4-1 为当初始值为（-10，1，10，1），参数 $a=8$，$b=40$，

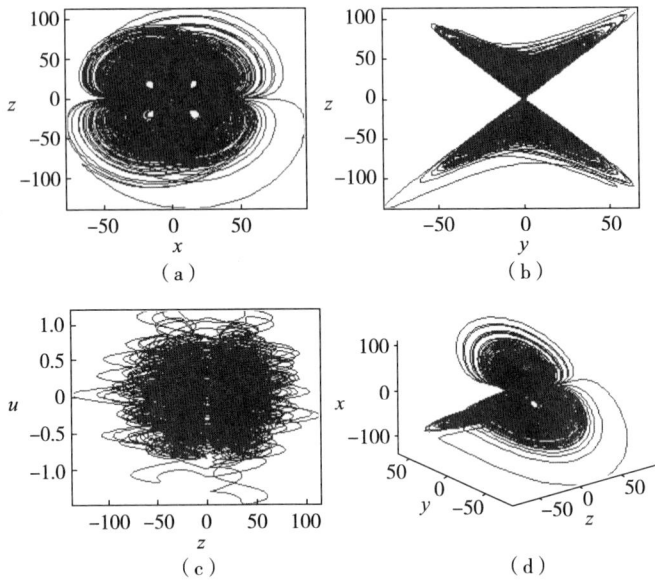

图 4-1 $b=40$，$d=14$ 时系统的超混沌吸引子图

$c=2$，$d=14$，$g=5$，$h=0.2$，$k=0.05$ 时，系统（4-1）产生大量复杂的超混沌动力学现象，展示了描述系统动态行为的超混沌吸引子图。图 4-1（a）为平面（x，z）中的相图，图 4-1（b）为平面（y，z）中的相图，图 4-1（c）为平面（z，u）中的相图，图 4-1（d）为三维空间（y，z，x）中的相图。

4.3.2 耗散性及吸引子

由于系统（4-1）的动态性，我们得到式（4-3）：

$$\Box V = \frac{\partial \dot{x}}{\partial x} + \frac{\partial \dot{y}}{\partial y} + \frac{\partial \dot{z}}{\partial z} + \frac{\partial \dot{u}}{\partial u} = a - b - d + k = m \qquad (4-3)$$

其中，$a-b-d+k=m$ 是负值，系统（4-1）描述的动态系统是一个耗散系统。

系统的体积元指数率 $\dfrac{\mathrm{d}V}{\mathrm{d}t}=e^{-(-a+b+d-k)}$，体积元 V_0 随着时间 t 逐

渐收敛至 $V_0 e^{-(-a+b+d-k)t}$，从数学角度意味着此动力系统的轨迹随着时间 t 以指数 $a-b-d+k=m$ 的速率缩小到零。系统轨线最终会被限制在一个体积为零的集合上，且它渐近运动，固定在一个吸引子上。

4.3.3　均衡点及其稳定性

系统的平衡，满足方程（4-4a）~方程（4-4d）：

$$ax - yz = 0 \tag{4-4a}$$

$$xz - by = 0 \tag{4-4b}$$

$$cxy - dz + gxu = 0 \tag{4-4c}$$

$$ku - hy = 0 \tag{4-4d}$$

显然 $P_0(0, 0, 0, 0)$ 是一个均衡点，此外，从系统（4-4）可得式（4-5）。

$$u = \frac{hy}{k}, \ x = \frac{yz}{a} \rightarrow \begin{cases} z^2 = ab \\ y^2 = \dfrac{cdk}{ck + gh} \end{cases} \tag{4-5}$$

可以计算出其他四个均衡点分别为：

$$P_1\left(-\sqrt{\frac{b\theta}{a}}, \ \sqrt{\theta}, \ -\sqrt{ab}, \ \frac{h\sqrt{\theta}}{k}\right), \ P_2\left(\sqrt{\frac{b\theta}{a}}, \ \sqrt{\theta}, \ \sqrt{ab}, \ \frac{h\sqrt{\theta}}{k}\right),$$

$$P_3\left(\sqrt{\frac{b\theta}{a}}, \ -\sqrt{\theta}, \ -\sqrt{ab}, \ -\frac{h\sqrt{\theta}}{k}\right), P_4\left(\sqrt{\frac{b\theta}{a}}, \ -\sqrt{\theta}, \ -\sqrt{ab}, \ -\frac{h\sqrt{\theta}}{k}\right),$$

其中，$\theta = \dfrac{adk}{ck + gh}$。

根据系统（4-1）的系统方程，可算出在平衡点 $P_0(0, 0, 0, 0)$ 的 Jacobian 矩阵为：

$$J = \begin{bmatrix} a & -z & -y & 0 \\ z & -b & x & 0 \\ cy+gw & cx & -d & gx \\ 0 & -h & 0 & k \end{bmatrix} \xrightarrow{0(0,\,0,\,0,\,0)}$$

$$J_{P_0} = \begin{bmatrix} a & 0 & 0 & 0 \\ 0 & -b & 0 & 0 \\ 0 & 0 & -d & 0 \\ 0 & -h & 0 & k \end{bmatrix}.$$

特征方程是 $|\lambda I - J_0| = 0$。因而可以通过解特征方程得到平衡点的特征值。平衡点 P_0 处的特征方程有四个特征值，分别为：$\lambda_1 = a$，$\lambda_2 = -b$，$\lambda_3 = -d$，$\lambda_4 = k$，因为 a、b、d、k 都是正实数，容易发现 $\lambda_2 < 0$，$\lambda_3 < 0$ 及 $\lambda_1 > 0$，$\lambda_4 > 0$，可知系统中 P_0 是一个不稳定的鞍点。当 $a = 8$，$b = 43.75$，$c = 2$，$d = 10$，$g = 5$，$h = 0.2$，$k = 0.05$ 时，在平衡点 P_1 $(-\sqrt{\dfrac{b\theta}{a}}, \sqrt{\theta}, -\sqrt{ab}, \dfrac{h\sqrt{\theta}}{k})$ 的 Jacobi 矩阵为：

$$J = \begin{bmatrix} a & -z & -y & 0 \\ z & -b & x & 0 \\ cy+gw & cx & -d & gx \\ 0 & -h & 0 & k \end{bmatrix} \rightarrow$$

$$J_{P_1} = \begin{bmatrix} 8 & 18.7083 & -1.9069 & 0 \\ -18.7083 & -43.75 & -4.4594 & 0 \\ 41.9524 & -8.9188 & -10 & -22.2971 \\ 0 & -0.2 & 0 & 0.05 \end{bmatrix}$$

特征方程是 $|\lambda I - J_1| = 0$，因此，在平衡点 P_1 处的特征方程有四个特征值：$\lambda_1 = -40.6033$，$\lambda_2 = 0.9123$，$\lambda_{3,4} = -2.5940 \pm 13.4997i$。

这里，λ_1 是负实数，λ_2 是正实数，λ_3 和 λ_4 是一对共轭复数特征值。并且系统（4-1）在平衡点 P_1 处发生 Hopf 分叉。因此非零平衡点 P_1 是不稳定的鞍点。同样，平衡点 P_2、P_3、P_4 也是不稳定的鞍点。另外，P_2 和 P_3、P_1 和 P_4 关于 X 轴对称。P_1 和 P_3、P_2 和 P_4 关于 Z 轴对称。所以，每个非零平衡点的不同 Jacobl 矩阵的符号元素与非零特征值一致，系统的五个平衡点都是不稳定的鞍点。

当企业集群危机传播系统有且只有唯一的 $P_0(0，0，0，0)$ 平衡点，代表随着时间的推移，企业集群危机传播系统里的危机将会在系统内被消除。当企业集群危机传播系统存在不稳定平衡点 P_1、P_3、P_2 和 P_4 时，危机在企业集群传播将出现不稳定的情况。

4.3.4　Lyapunov 指数和分数维

Lyapunov 指数也是动态系统的一大标志。表 4-1 描述了在其他参数固定的前提下随着参数 d 变化的 Lyapunov 指数图。如表 4-1 所示，在参数 d 的某特定范围内有一个正、一个零、两个负的 Lyapunov 指数，所以此时系统是混沌状态。在参数 d 的某特定范围内，有两个正的 Lyapunov 指数和一个零、一个负的 Lyapunov 指数，系统进入超混沌状态。在参数 d 的某些范围内，一个 Lyapunov 指数为零，三个 Lyapunov 指数为负，因而动态系统呈现出周期性。在一些特殊的点，两个 Lyapunov 指数为零，两个 Lyapunov 指数为负，动态系统表现出准周期性。

总之，动态系统中 Lyapunov 指数组合的多样性结果表现出更复杂的行为。按照混沌理论，分析 Lyapunov 指数度量系统（4-1）相空间附近的发散和收敛指数速率：对于混沌吸引子，动态系统中需要有一个正的 Lyapunov 指数；而对于相应系统中的超混沌吸引子，至少需要两个正的 Lyapunov 指数。

表 4-1　四维系统的 Lyapunov 指数分类

L_1	L_2	L_3	L_4	动力学行为
0	−	−	−	周期
0	0	−	−	准周期
+	0	−	−	混沌
+	+	0	−	超混沌

4.3.5　连续型动态系统中的混沌

当 $a=8$，$b=40$，$c=2$，$d=28.9$，$g=5$，$h=0.2$，$k=0.05$ 时，系统的四个 Lyapunov 指数分别为：$L_1=0.190235$，$L_2=0.00$，$L_3=-2.102356$，$L_4=-58.91286$。

通过计算 Lyapunov 指数，得出最大 Lyapunov 指数为正值，系统处于混沌状态。L_1 是正值，L_2 是零，其余两个 Lyapunov 指数为负值。因而，系统是混沌状态，而不是超混沌状态。Kaplan-Yorke 分数维也是混沌的一个典型特点。D_{ky} 可用方程（4-6）表示。

$$D_{ky} = K + \sum_{i=1}^{k} L_i / |L_{k+1}| \qquad (4-6)$$

其中，K 代表前 K 个 Lyapunov 指数为非负，K 是同时满足 $\sum_{i=1}^{k} L_i > 0$ 和 $\sum_{i=1}^{k} L_i < 0$ 的最大 i 值。L_1 是按照 Lyapunov 指数大小降序排列。D_{ky} 是系统最大边界。因而确定 K 值为 2，得到 Kaplan-Yorke 维数为式（4-7）。

$$D_{ky} = 2 + \frac{0.190235}{|-2.102356|} \approx 2.090487 \qquad (4-7)$$

混沌吸引子图如图 4-2（a）、图 4-2（b）、图 4-2（c）和图 4-2（d）所示。

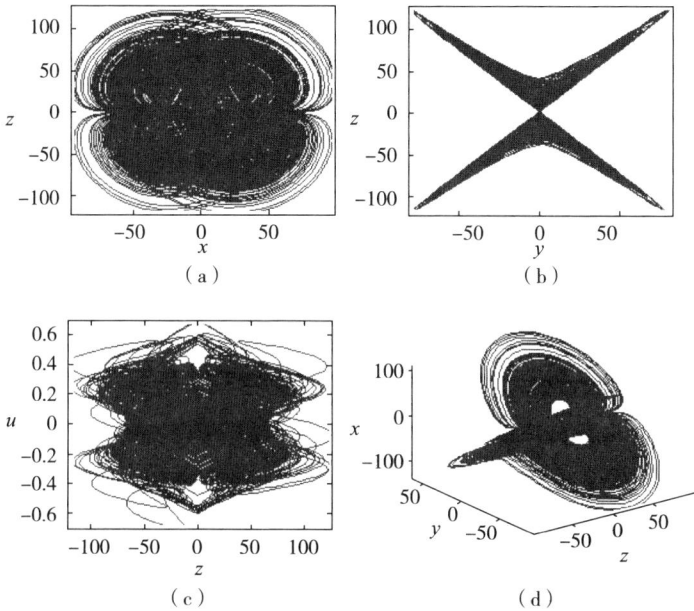

图 4-2　$b=40$，$d=28.9$ 时系统的混沌吸引子图

图 4-2 为当初始值为（-10，1，10，1），参数 $a=8$，$b=40$，$c=2$，$d=28.9$，$g=5$，$h=0.2$，$k=0.05$ 时，系统（4-1）产生的混沌动力学现象，展示了描述系统动态行为的混沌吸引子图。图 4-2（a）为平面（x，z）中的相图，图 4-2（b）为平面（y，z）中的相图，图 4-2（c）为平面（z，u）中的相图，图 4-2（d）为三维空间（y，z，x）中的相图。

4.3.6　连续型动态系统中的超混沌

当参数 $a=8$，$b=43.75$，$c=2$，$d=10$，$g=5$，$h=0.2$，$k=0.05$；初值 $x=-10$，$y=1$，$z=10$，$u=1$ 时，Lyapunov 指数为：

$$L_1=1.704152, L_2=0.328253, L_3=0.00, L_4=-46.135893$$

$$(4-8)$$

其分数维如式（4-9）所示：

$$D_{ky} = 3 + \frac{1.704152 + 0.328253 + 0.00}{|-46.135893|} \approx 3.044053 \quad (4-9)$$

加入状态反馈控制的连续型动态系统，在某些参数范围内有一个正的 Lyapunov 指数，此时系统为混沌状态；在某些参数范围内，存在至少两个正的 Lyapunov 指数，系统进入超混沌状态。动态系统变得异常复杂多样，出现了超混沌吸引子。因此，系统表现出了混沌和超混沌特性。

4.4　分叉图分析

随着参数变化，分叉图能够刻画出动态系统的变化状态。为了详细描述系统的动力学行为，图4-3画出了随着参数 d 变化的分叉图。系统（4-1）的分叉图表示出复杂的分叉现象。

因而，可通过比较不同阶段的分叉图和 Lyapunov 指数进一步了解动态行为。当其他参数固定时，参数 $d(1 \leqslant d \leqslant 34)$ 把系统分成几个阶段。设系统（4-1）的四个 Lyapunov 指数值满足 $L_1 > L_2 > L_3 > L_4$，系统动态行为可以按照以下分类描述：

（1）当 $1 \leqslant d \leqslant 6.3$，$8.6 \leqslant d \leqslant 21.6$，$L_1 > 0$，$L_2 > 0$，$L_3 = 0$，$L_4 < 0$，系统（4-1）出现超混沌解，此时系统有两个正的 Lyapunov 指数，一个零 Lyapunov 指数，一个负的 Lyapunov 指数；图4-1（a）~图4-1（d）是这个阶段的相图。

（2）当 $6.3 \leqslant d \leqslant 6.4$，$7.9 \leqslant d \leqslant 8.6$，$26 \leqslant d \leqslant 29.9$，$L_1 > 0$，$L_2 = 0$，$L_3 < 0$，$L_4 < 0$，系统（4-1）出现混沌解，此时系统有一个正的 Lyapunov 指数，一个零 Lyapunov 指数，两个负的 Lyapunov 指数；图4-2（a）~图4-2（d）是这个阶段的相图。

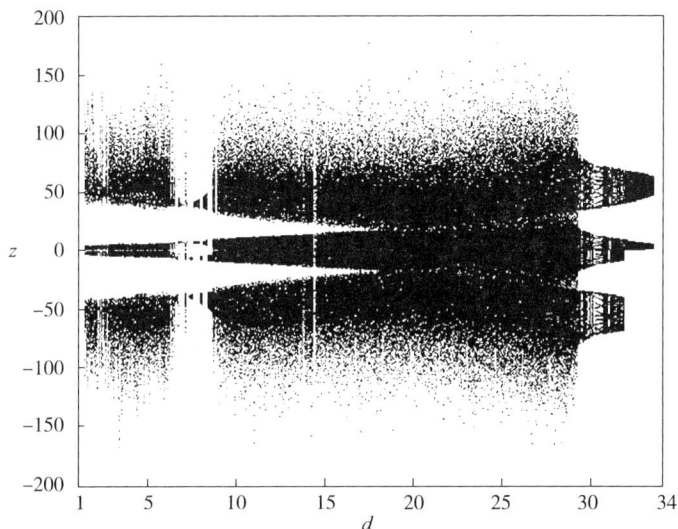

图 4-3　系统（4-1）随着参数 d 变化的分叉图

（3）当 $7.4 \leqslant d \leqslant 7.9$ 或 $29.9 \leqslant d \leqslant 34$，$L_1 = 0$，$L_2 = 0$，$L_3 < 0$，$L_4 < 0$，系统（4-1）出现准周期解，此时系统有两个零 Lyapunov 指数，两个负的 Lyapunov 指数；图 4-4（a）~图 4-4（d）是这个阶段的相图。

（4）当 $6.4 \leqslant d \leqslant 7.4$，$L_1 = 0$，$L_2 < 0$，$L_3 < 0$，$L_4 < 0$，系统（4-1）出现周期解，此时系统有一个零 Lyapunov 指数，三个负的 Lyapunov 指数；图 4-5（a）~图 4-5（d）是这个阶段的相图。

（5）当 $21.6 \leqslant d \leqslant 26$，$L_1 < 0$，$L_2 < 0$，$L_3 < 0$，$L_4 < 0$，系统（4-1）处于稳定状态，系统稳定在平衡点。

随着参数 d 变化系统不同动力学行为归纳如表 4-2 所示。

表 4-2　参数 d 取不同参数时系统（4-1）Lyapunov 指数和动力学行为

d	L_1	L_2	L_3	L_4	动力学行为	表示图
28.9	0.190235	0.00	−2.102356	−58.912863	混沌	图 4-2
13.5	1.704152	0.328253	0.00	−46.135893	超混沌	图 4-1
32.5	0.00	0.00	−1.623924	−62.826533	准周期	图 4-4
6.7	0.00	−0.267521	−0.273397	−38.407375	周期	图 4-5

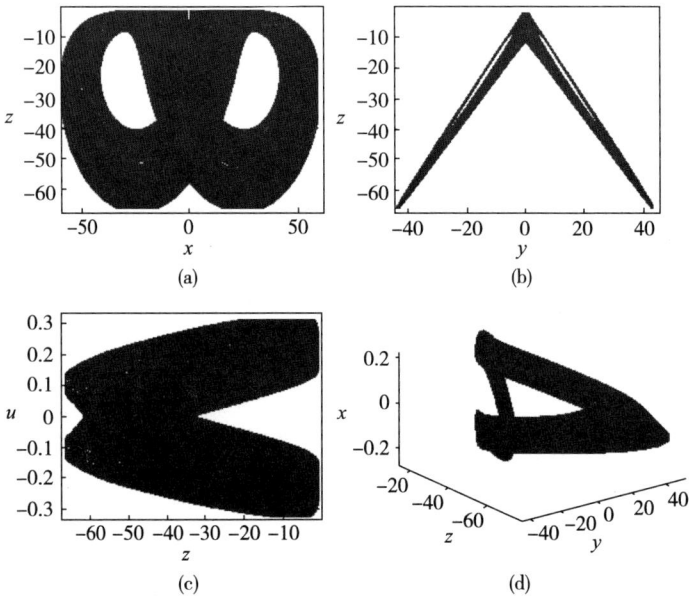

图 4-4　$d=32$ 时系统的准周期运动相图

图 4-4 为当初始值为（−10，1，10，1），参数 $a=8$，$b=40$，$c=2$，$d=32$，$g=5$，$h=0.2$，$k=0.05$ 时，系统（4-1）出现准周期解。图 4-4（a）为平面（x，z）中的相图，图 4-4（b）为平面（y，z）中的相图，图 4-4（c）为平面（z，u）中的相图，图 4-4（d）为三维空间（y，z，x）中的相图。

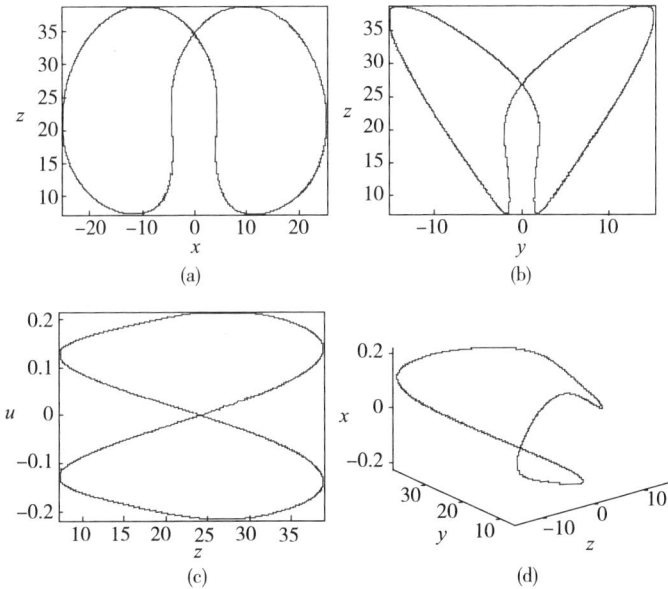

图 4-5　$d=6.9$ 时系统的周期运动相图

图 4-5 为当初始值为（-10，1，10，1），参数 $a=8$，$b=40$，$c=2$，$d=6.9$，$g=5$，$h=0.2$，$k=0.05$ 时，系统（4-1）出现周期解。图 4-5（a）为平面（x，z）中的相图，图 4-5（b）为平面（y，z）中的相图，图 4-5（c）为平面（z，u）中的相图，图 4-5（d）为三维空间（y，z，x）中的相图。

4.4.1　功率谱分析

当 $x=-10$，$y=1$，$z=10$，$u=1$ 时，图 4-6 是随着不同参数变化的功率谱图。按照数值仿真，采用周期方法来估算系统随着不同参数的功率谱变化。按照数值计算结果表明，当参数变化时，系统的值一直被限制在特定范围内。这再次证明了混沌系统的特性：有界性和遍历性。因而，可以采取一些方法对混沌和超混沌系统进行控制。如图 4-6（a）~图 4-6（d）所示。

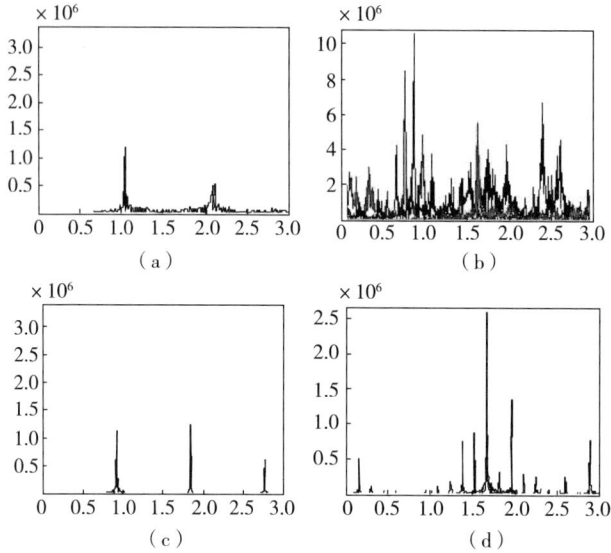

图 4-6　系统功率谱图

图 4-6 为当初始值为（-10，1，10，1），系统（4-1）随着不同参数变化的功率谱图。4-6（a）是 $a=8$，$b=40$，$c=2$，$d=13.5$，$g=5$，$h=0.2$，$k=0.05$ 时动态系统的功率谱图。图 4-6（b）是 $a=8$，$b=40$，$c=2$，$d=28.9$，$g=5$，$h=0.2$，$k=0.05$ 时动态系统的功率谱图。图 4-6（c）是 $a=8$，$b=40$，$c=2$，$d=32.5$，$g=5$，$h=0.2$，$k=0.05$ 时动态系统的功率谱图。图 4-6（d）是 $a=8$，$b=40$，$c=2$，$d=6.7$，$g=5$，$h=0.2$，$k=0.05$ 时动态系统的功率谱图。

4.4.2　时间历程相图

当参数 $a=8$，$b=40$，$c=2$，$d=6.7$，$g=5$，$h=0.2$，$k=0.05$，初值 $x=-10$，$y=1$，$z=10$，$u=1$ 时，时间历程相图如图 4-7（a）~图 4-7（d）所示。

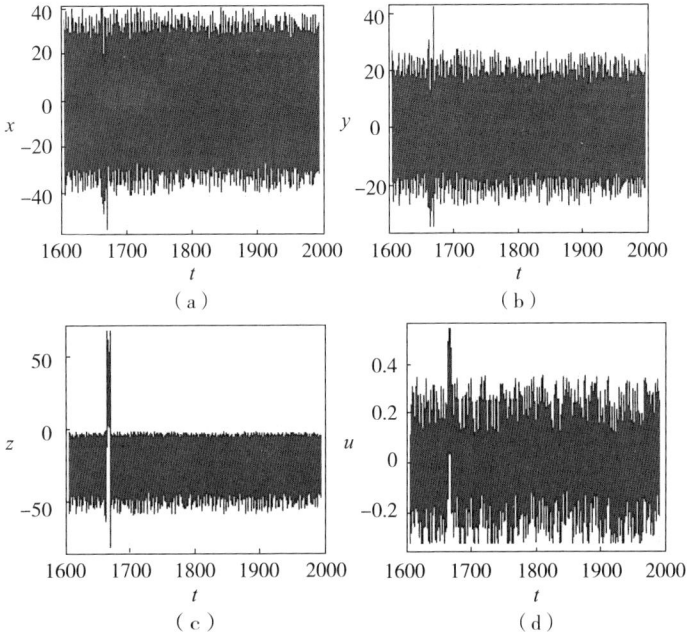

图 4-7　当 $d=6.7$ 时时间历程图

图 4-7 为当初始值为（-10，1，10，1），参数 $a=8$，$b=40$，$c=2$，$d=6.7$，$g=5$，$h=0.2$，$k=0.05$ 时，系统（4-1）发生周期运动的情况。图 4-7（a）为平面（t，x）中的波形图，图 4-7（b）为平面（t，y）中的波形图，图 4-7（c）为平面（t，z）中的波形图，图 4-7（d）为平面（t，u）中的波形图。

4.5　本章小结

本章研究了一类基于企业集群危机传播的四维复杂自治系统的动力学特性，通过展示分叉图、Lyapunov 指数、分数维、吸引子、功率谱和时间历程图等描述了动态系统的复杂动力学特点，由数值模拟得出系统能够产生超混沌、混沌、准周期和周期性行为现象。与混沌相比，超混沌具有更复杂多样的动力学行为。除此之外，还观察到参数的改变对四维自治系统的非线性特性有着显著的影响。通过分析可以看出，当企业集群危机传播系数 d 取不同区间值时，系统分别出现超混沌、混沌、准周期和周期运动。这意味着，随着每个企业集群危机传播系数 d 的取值不同，企业集群传播系统中的危机传播将出现稳定和稳定失衡的状态。混沌和超混沌都会引起不可预料的不规则行为，所以根据企业内部特征来争取选择与调整企业集群危机传播系数，得出危机在企业集群的传播规律，将有利于所有参与者都能够采取正确策略，做出正确决策。

第**5**章
一类改进的含双时滞金融系统的 Hopf 分叉及动力学分析

5.1 引言

金融系统是一个由众多要素组成的极其复杂的非线性系统。而在非线性系统中，时滞也是一个非常重要的影响因素。在金融系统中，由于不确定因素很多，用一般的微分方程不能全面地描述一些经济现象。学者对经济动力学进行研究时，往往会在微分方程中加入时间延迟因素，研究单时滞和双时滞系统的线性稳定性，能够更好地描述实际的经济市场（L. Fanti，2007；K. Pyragas，2001；W. C. Chen，2008；Y. Wang，2010）。对给定的一个时滞微分方程，要判定其平衡点的稳定性和 Hopf 分叉的存在性，关键是分析其平衡点线性部分特征方程根的分布情况。并且由于对多时滞微分方程平衡点线性部分特征方程根的分布情况研究起来具有很大困难，目前为止研究成果尚未成熟。

本章研究了一类改进的含双时滞金融系统的 Hopf 分叉及动力学特征。首先通过平衡点处特征方程根的分布情况，得到系统平衡点局部稳定的充分条件以及在其周围出现 Hopf 分叉的条件。其次在以两个时滞作为分支参数的前提下，利用规范型方法和中心流形定理，得到确定周期解的分支方向、分支周期解的稳定性等的显式算法。在局部分支存在的前提下，又利用泛函微分方程全局分支存在性理论讨论了此系统的全局分支周期解的存在性。最后通过数值模拟验证了所得结论的正确性。

5.2　金融系统模型

经济学中的混沌现象自 1985 年首次被发现以来，对当今西方主流经济学派产生了巨大冲击，因为经济系统中出现混沌现象意味着宏观经济运动本身具有内在的不稳定性。黄登仕（1993）等建立了一个由生产子块、货币、证券子块、劳动子块所组成的混沌金融系统，如式（5-1a）~式（5-1c）所示。

$$\dot{x} = z + (y - a)x \tag{5-1a}$$

$$\dot{y} = 1 - by - x^2 \tag{5-1b}$$

$$\dot{z} = -x - cz \tag{5-1c}$$

但在现实生活中，随着经济的发展，制约经济发展的因素越来越多，此类混沌金融系统不能很好地体现经济发展的规律和变化。因此本章对该系统进行了改进，发现影响利率变化的因素除了投资需求、价格指数外，还与平均利润率有关，且平均利润率与利率成正比例关系，因此构造出改进的混沌金融系统模型，如式（5-2a）~式（5-2c）所示。

$$\dot{x} = z + (y - a)x \tag{5-2a}$$

$$\dot{y} = 1 - by - x^2 - bxy \tag{5-2b}$$

$$\dot{z} = -x - cz \tag{5-2c}$$

其中，x 为利率，y 为投资需求，z 为价格指数，a 为储蓄量，

b 为单位投资成本，c 为商品需求弹性，a、b、c 均为正常数。当参数 $a=3$，$b=0.1$，$c=1$ 时，系统（5-2）在点（-0.5，4，-0.5）有混沌吸引子，如图 5-1 所示。

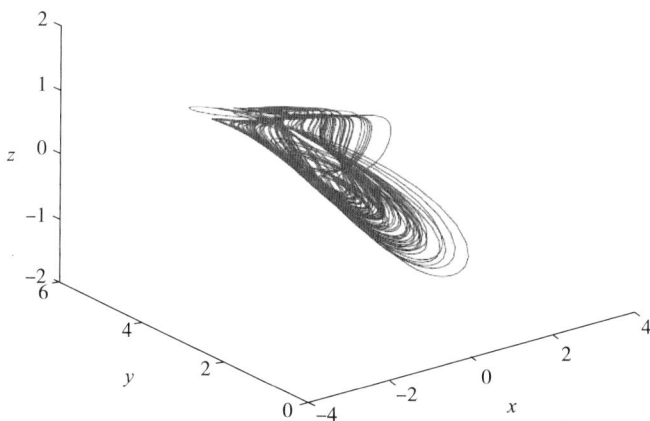

图 5-1　三维系统（5-2）的混沌吸引子图

我们进一步考虑双时滞系统（5-3a）~ 系统（5-3c）。

$$\dot{x} = z + (y - a)x + k_1(x(t) - x(t - \tau_1)) +$$
$$k_2(x(t) - x(t - \tau_2)) \tag{5-3a}$$

$$\dot{y} = 1 - by - x^2 - bxy \tag{5-3b}$$

$$\dot{z} = -x - cz \tag{5-3c}$$

其中，$\tau_1 \geq 0$ 和 $\tau_2 \geq 0$ 是时间延迟，k_1、k_2 是反馈控制强度。我们考虑利率具有一段时间延迟，进而对整个金融系统产生影响，如利率政策的决策时滞是一段连续时间。

为了便于研究时滞对系统的影响，求出系统的三个平衡点分别为：

$$\left(-1, \frac{1+ac}{c}, \frac{1}{c}\right), \left(0, \frac{1}{b}, 0\right), \left(\frac{-b+c-abc}{c}, \frac{1+ac}{c}, \frac{b-c+abc}{c^2}\right)$$
$$\tag{5-4}$$

5.3 系统 Hopf 分叉的存在性及周期解的稳定性

5.3.1 Hopf 分叉的存在性

首先仅分析平衡点，如式（5-5）所示。

$$(x_0,y_0,z_0) = \left(0,\frac{1}{b},0\right) \tag{5-5}$$

通过线性变换得式（5-6a）～式（5-6c）：

$$u_1 = x - x_0 \tag{5-6a}$$

$$u_2 = y - y_0 \tag{5-6b}$$

$$u_3 = z - z_0 \tag{5-6c}$$

系统变为如方程（5-7a）～方程（5-7c）所示：

$$\dot{u}_1 = u_3 + \left(u_2 - a + \frac{1}{b}\right)u_1 + k_1(u_1(t) - u_1(t - \tau_1)) + \\ k_2(u_1(t) - u_1(t - \tau_2)) \tag{5-7a}$$

$$\dot{u}_2 = -u_1 - bu_2 - u_1^2 - bu_1u_2 \tag{5-7b}$$

$$\dot{u}_3 = -u_1 - cu_3 \tag{5-7c}$$

系统方程（5-7）在（0,0,0）处的特征方程为（5-8）。

$$b - c + abc + ab\lambda + ac\lambda - \frac{c\lambda}{b} + bc\lambda + a\lambda^2 - \frac{\lambda^2}{b} + b\lambda^2 + \\ c\lambda^2 + \lambda^3 + e^{-\lambda\tau_1}(-bck_1 - bk_1\lambda - ck_1\lambda - k_1\lambda^2) + \\ e^{-\lambda\tau_2}(-bck_2 - bk_2\lambda - ck_2\lambda - k_2\lambda^2) = 0 \tag{5-8}$$

由于具有双时滞微分方程的动力学性质非常复杂，我们先讨论当 $\tau_1 = \tau_2 = 0$ 时的情况，然后再讨论单时滞 $\tau_1 > 0$，$\tau_2 < 0$ 的情况，最后讨论 $\tau_1 > 0$，$\tau_2 > 0$，$\tau_1 \neq \tau_2$ 的情况。

（1）情形 1：式（5-9）成立。

$$\tau_1 = \tau_2 = 0 \tag{5-9}$$

特征方程（5-8）变为方程（5-10）。

$$b - c + abc + \left(ab + ac - \frac{c}{b} + bc\right)\lambda + \left(a - \frac{1}{b} + b + c\right)\lambda^2 + \lambda^3 = 0 \tag{5-10}$$

令

$$p_1 = a - \frac{1}{b} + b + c \tag{5-11a}$$

$$p_2 = ab + ac - \frac{c}{b} + bc \tag{5-11b}$$

$$p_3 = b - c + abc \tag{5-11c}$$

则 H_1 式（5-12）成立。

$$H_1: p_1 > 0, p_3 > 0, p_1 p_2 - p_3 > 0 \tag{5-12}$$

根据 Routh-Huritz 准则，如果 H_1 成立，则平衡点（0，0，0）是局部渐近稳定的。

（2）情形 2：式（5-13）成立。

$$\tau_1 > 0, \tau_2 = 0 \tag{5-13}$$

特征方程（5-8）变为方程（5-14）。

$$b - c + abc - bck_1 + ab\lambda + ac\lambda - \frac{c\lambda}{b} + bc\lambda - bk_1\lambda - ck_1\lambda +$$

$$a\lambda^2 - \frac{\lambda^2}{b} + b\lambda^2 + c\lambda^2 - k_1\lambda^2 + \lambda^3 + e^{-\lambda\tau_1}(bck_1 + bk_1\lambda +$$

$$ck_1\lambda + k_1\lambda^2) = 0 \tag{5-14}$$

设 $\lambda = iw$ 是方程（5-14）的一个解，则分离实部和虚部，且令其等于零，可得方程（5-15a）和方程（5-15b）。

$$\frac{1}{b}(w^2 + b^2(1 + ac + ck_1(-1+m) + k_1nw - w^2)) +$$

$$\frac{1}{b}(b(-(a + k_1(-1+m))w^2 + c(-1 + k_1nw - w^2))) = 0$$

$$(5-15a)$$

$$\frac{1}{b}(-cw + bw(ac + ck_1(-1+m) + (k_1n - w)w)) +$$

$$\frac{1}{b}(b^2((a + k_1(-1+m))w + c(-k_1n + w))) = 0$$

$$(5-15b)$$

其中,

$$m = \cos(w\tau_1), n = \sin(w\tau_1) \qquad (5-16)$$

由方程（5-15）得方程（5-17）：

$$b^2 - 2bc + 2ab^2c + c^2 - 2abc^2 + a^2b^2c^2 - 2b^2ck_1 + 2bc^2k_1 -$$

$$2ab^2c^2k_1 + (1 - 2ab - 2b^2 + a^2b^2 + b^2c^2 + 2bk_1 -$$

$$2ab^2k_1)w^2 + b^2w^4 = 0 \qquad (5-17)$$

如果系统（5-3）中的所有参数都是给定的，则很容易利用计算机计算出方程（5-17）的数值解。这样给出下列假设：

H_2：方程（5-17）至少有一个正实根。

如果 H_2 成立，不失一般性地，设方程（5-17）有两个正实根，分别定义为 $\omega_k(k = 1, 2)$。

记：

$$\tau_1(k,j) = \frac{1}{\omega_k}[\arccos(p) + 2j\pi](Q \geq 0) \qquad (5-18a)$$

$$\tau_1(k,j) = \frac{1}{\omega_k}[2\pi - \arccos(p) + 2j\pi](Q \leq 0) \qquad (5-18b)$$

$$k = 1,2; j = 0,1,\cdots \qquad (5-18c)$$

其中，

$$p = -\frac{bc - c^2 + abc^2 - bc^2 k_1 - w^2 + abw^2 - bk_1 w^2}{bk_1(c^2 + w^2)} \tag{5-19a}$$

$$Q = -\frac{w - c^2 w - w^3}{k_1(c^2 + w^2)} \tag{5-19b}$$

则 $\pm i\omega_k$ 是方程（5-14）在 $\tau_1 = \tau_1(k, j)$ 下的一对纯虚根。定义存在自然数 m，使得式（5-20）成立。

设式（5-20）、式（5-21）为方程（5-14）在 $\tau_1 = \tau_1(k, j)$ 附近的虚根。将方程（5-14）关于 τ 微分并化简得式（5-22）。

$$\tau_1^0 = \min\{\tau_1(k,j), k = 1,2; j = 0,1,\cdots\} \tag{5-20}$$

$$\lambda(\tau) = v(t) + i\omega(\tau) \tag{5-21}$$

$$\left[\frac{d\lambda}{d\tau_1}\right]^{-1} = \frac{e^{\lambda\tau_1}(ab^2 - c + abc + b^2c - b^2k_1 - bck_1 - 2\lambda + 2ab\lambda + 2b^2\lambda + 2bc\lambda)}{bk_1\lambda(b+\lambda)(c+\lambda)} +$$

$$\frac{-2bk_1\lambda + 3b\lambda^2 + b^2k_1 + bck_1 + 2bk_1\lambda - b^2ck_1\tau_1 - b^2k_1\lambda\tau_1 - bck_1\lambda^2\tau_1}{bk_1\lambda(b+\lambda)(c+\lambda)} \tag{5-22}$$

将 $\lambda = i\omega$ 代入式（5-22）中，则有式（5-23）。

$$\left[\frac{d(\mathrm{Re}\lambda)}{d\tau_1}\right]^{-1} = \frac{f(\omega_k)}{\Lambda} \tag{5-23}$$

其中，

$$f(\omega_k) = 2b^2 - 2ab^3 - 2b^4 + a^2b^4 - 2bc + 2ab^2c + c^2 - 2abc^2 +$$
$$a^2b^2c^2 + b^4c^2 + 2b^3k_1 - 2ab^4k_1 - 2b^2ck_1 + 2bc^2k_1 -$$
$$2ab^2c^2k_1 + (2 - 4ab - 4b^2 + 2a^2b^2 + 2b^4 + 2b^2c^2 +$$
$$4bk_1 - 4ab^2k_1)wk^2 + 3b^2wk^4 \tag{5-24a}$$

$$\Lambda = b^2kl^2(b^2 + wk^2)(c^2 + wk^2) \tag{5-24b}$$

H_3 为式（5-25）：

$$H_3: \left[\frac{d(\mathrm{Re}\lambda)}{d\tau_1}\right]^{-1} \neq 0 \tag{5-25}$$

于是有定理 5.1。

定理 5.1 若 H_1、H_2 和 H_3 成立，则系统（5-3）平衡点 $\left(0, \frac{1}{b}, 0\right)$ 所有的 $\tau_1 \in (0, \tau_1^0)$ 时是局部稳定的，当 $\tau_1 > \tau_1^0$，平衡点 $\left(0, \frac{1}{b}, 0\right)$ 不稳定，系统（5-3）在 $\tau_1 = \tau_1^0$ 时发生 Hopf 分叉。

（3）情形 3：式（5-26）成立。

$$\tau_1 > 0, \tau_2 > 0, \tau_1 \neq \tau_2 \tag{5-26}$$

系统（5-3）对应的特征方程为式（5-8）。在本章中，将在单时滞 $\tau_1 \in (0, \tau_1^0)$ 区间内研究系统（5-3），且以 τ_2 作为一个参数。假设 $\lambda = i\sigma$ 是特征方程（5-8）中双时滞下的特征根，则式（5-27）成立。

$$b - c + abc - bck_1 - bck_2 + ab\lambda + ac\lambda - \frac{c\lambda}{b} + bc\lambda - bk_1\lambda - ck_1\lambda -$$

$$bk_2\lambda - ck_2\lambda + a\lambda^2 - \frac{\lambda^2}{b} + b\lambda^2 + c\lambda^2 - k_1\lambda^2 - k_2\lambda^2 +$$

$$\lambda^3 + (\cos(\sigma\tau_1))(bck_1 + bk_1\lambda + ck_1\lambda + k_1\lambda^2) \tag{5-27}$$

由式（5-27）得式（5-28a）和式（5-28b）。

$$\cos(\sigma\tau_2) = -\frac{1}{bk_2(c^2 + \sigma^2)}(bc - c^2 + abc^2 - bc^2k_1 - bc^2k_2) +$$

$$bc^2k_1\cos(\sigma\tau_1) - \sigma^2 + ab\sigma^2 - bk_1\sigma^2 -$$

$$bk_2\sigma^2 + bk_1\cos(\sigma\tau_1)\sigma^2 \tag{5-28a}$$

$$\sin(\sigma\tau_2) = -\frac{c^2k_1\sin(\sigma\tau_1) + \sigma - c^2\sigma + k_1\sin(\sigma\tau_1)\sigma^2 - \sigma^3}{k_2(c^2 + \sigma^2)}$$

$$\tag{5-28b}$$

因此，可以得到关于 σ 的方程（5-29）。

$$b^2 - 2bc + 2ab^2c + c^2 - 2abc^2 + a^2b^2c^2 - 2b^2ck_1 - 2ab^2c^2k_1 +$$

$$c^2b^2k_1 - 2b^2ck_2 - 2ab^2c^2k_2 + 2b^2c^2k_1k_2 + 2b^2ck_1\cos(\sigma\tau_1) -$$

$$2bc^2k_1\cos(\sigma\tau_1) + 2ab^2c^2k_1\cos(\sigma\tau_1) - 2b^2c^2k_1^2\cos(\sigma\tau_1) -$$
$$2b^2c^2k_1k_2\cos(\sigma\tau_1) + b^2c^2k_1^2(\cos(\sigma\tau_1))^2 + b^2c^2k_1^2(\sin(\sigma\tau_1))^2 +$$
$$(2b^2k_1\sin(\sigma\tau_1)) - 2b^2c^2k_1\sin(\sigma\tau_1)\sigma + (1 - ab - 2b^2 + a^2b^2 +$$
$$b^2c^2 + 2bk_1)(-2ab^2k_1 + b^2k_1^2 + 2bk_2 - 2ab^2k_2 + 2b^2k_1k_2 -$$
$$2bk_1\cos(\sigma\tau_1)) + 2ab^2k_1\cos(\sigma\tau_1) - 2b^2k_1^2\cos(\sigma\tau_1) -$$
$$2b^2k_1k_2\cos(\sigma\tau_1) + b^2k_1^2(\cos(\sigma\tau_1))^2 + b^2k_1^2(\sin(\sigma\tau_1))^2\sigma^2 -$$
$$2b^2k_1\sin(\sigma\tau_1)\sigma^3 + b^2\sigma^4 = 0 \tag{5-29}$$

显然，方程（5-29）至多有 N 个正实根，记作 $\sigma_h(h = 1,$
$2, \cdots, N)$。同理，可求得式（5-30a）和式（5-30b）。

$$\tau_2(h,j) = \frac{1}{\sigma_h}[\arccos(\bar{p}) + 2j\pi], \bar{Q} \geqslant 0 \tag{5-30a}$$

$$\tau_2(h,j) = \frac{1}{\sigma_h}[2\pi - \arccos(\bar{p}) + 2j\pi], \bar{Q} < 0 \tag{5-30b}$$

其中，

$$\bar{p} = -\frac{1}{bk_2(c^2 + \sigma^2)}(bc - c^2 + abc^2 - bc^2k_1 - bc^2k_2 +$$
$$bc^2k_1\cos(\sigma\tau_1)) - \sigma^2 + ab\sigma^2 - bk_1\sigma^2 - bk_2\sigma^2 +$$
$$bk_1\cos(\sigma\tau)\sigma \tag{5-31a}$$

$$\bar{Q} = -\frac{c^2k_1\sin(\sigma\tau_1) + \sigma - c^2\sigma + k_1\sin(\sigma\tau_1)\sigma^2 - \sigma^3}{k_2(c^2 + \sigma^2)}$$
$$\tag{5-31b}$$

$$h = 1, 2, \cdots, N; j = 0, 1, \cdots \tag{5-31c}$$

则存在一个点列 $\tau_2 = \tau_2(h, j)$ 满足方程（5-27），记作
（5-32a）。

$$\tau_2^0 = \min\{\tau_2(h,j)\}, h = 1, 2, \cdots, N; j = 0, 1, \cdots \tag{5-32a}$$

相应地，式（5-32a）和式（5-32b）成立。

$$h = h_0 \in \{1, 2, \cdots, N\} \tag{5-32b}$$

$$\sigma = \sigma_{h_h} \tag{5-32c}$$

当式（5-33）成立时，方程（5-27）有一对纯虚根。

$$\tau_1 \in (0, \tau_1^0), \tau_2 = \tau_2^0 \tag{5-33}$$

H_4 为式（5-34）：

$$H_4 : \left[\frac{d(\mathrm{Re}\lambda)}{d\tau_2} \right]^{-1} \neq 0 \tag{5-34}$$

这样，利用关于泛函微分方程的一般 Hopf 分叉定理，得到关于系统（5-3）的稳定性和分支的结果。

定理 5.2 H_4 成立，且 $\tau_1 \in (0, \tau_1(2,0))$，则系统（5-3）的平衡点为 $\left(0, \dfrac{1}{b}, 0\right)$，当 $\tau_2 \in (0, \tau_2^0)$ 时是渐近稳定的。当 $\tau_2 = \tau_2^0$ 时，系统（5-3）发生 Hopf 分叉。

5.3.2 Hopf 分叉周期解和其稳定性

本部分研究在双时滞的条件下，当时滞参数满足方程（5-35）情形时，采用 Hassard 等（1981）的思想，通过使用规范型方法及中心流形定理，得到决定系统（5-3）Hopf 分叉性质的精确表达式。在此，我们考虑当时滞 $\tau_2 = \tau_2^0$ 时，系统（5-7）在平衡点 (0, 0, 0) 处的 Hopf 分叉。系统在 $C \in C([-\tau_1, 0], R^3)$ 上可以转为方程（5-36）。

$$\tau_1 > 0, \tau_2 > 0, \tau_1 \neq \tau_2 \tag{5-35}$$

$$\dot{u}(t) = L_u(u_t) + f(\mu, u_t) \tag{5-36}$$

其中，方程（5-37a）、方程（5-37b）、方程（5-37c）成立。

$$u(t) = (u_1(t), u_2(t), u_3(t))^T \in R^3 \tag{5-37a}$$

$$L_\mu : C \to R^3, f : R \times C \to R^3, u_t(\theta) = u(t+\theta) \in C \tag{5-37b}$$

$$L_\mu(\varphi) = A\varphi(0) + B_1\varphi(-\tau_1) + B_2\varphi(-(\tau_2^0 + \mu)) \tag{5-37c}$$

根据系统（5-3）和系统（5-7）可知，方程（5-38a）、方程（5-38b）成立。

$$A = \begin{pmatrix} 1/b - a + k_1 = k_2 & 0 & 1 \\ -1 & -b & 0 \\ -1 & 0 & -c \end{pmatrix} \tag{5-38a}$$

$$B_1 = \begin{pmatrix} -k_1 & 0 & 0 \\ 0 & 0 & 0 \\ 0 & 0 & 0 \end{pmatrix} \tag{5-38b}$$

$$B_2 = \begin{pmatrix} -k_2 & 0 & 0 \\ 0 & 0 & 0 \\ 0 & 0 & 0 \end{pmatrix} \tag{5-38c}$$

此外，我们令式（5-39）成立，则得出式（5-40）。

$$\varphi(t) = (\varphi_1(t), \varphi_2(t), \varphi_3(t))^T \tag{5-39}$$

$$f(\mu, u_t) = (\mu + \tau_k) \begin{pmatrix} \phi_1(0) \phi_2(0) \\ -\phi_1^2(0) \\ 0 \end{pmatrix} \tag{5-40}$$

当系统（5-7）的平衡点（0，0，0）在 $\mu = 0$ 时经历了 Hopf 分叉时，特征方程有一对纯虚根 $i\sigma_h$ 和 $-i\sigma_h$。

由黎兹定理可知，存在一个有界变差的矩阵函数（5-41）。

$$L_\mu(\varphi) = \int_{-\tau_1}^{0} \mathrm{d}\eta(\theta, \mu) \varphi(\theta), \varphi \in C \tag{5-41}$$

事实上，我们可以选择式（5-42a）~式（5-42d）。

$$\eta(\theta, \mu) = A + B_1 + B_2, \theta = 0 \tag{5-42a}$$

$$\eta(\theta, \mu) = B_1 + B_2, \theta \in (-\tau_2, 0) \tag{5-42b}$$

$$\eta(\theta, \mu) = B_1, \theta \in (-\tau_1, -\tau_2) \tag{5-42c}$$

$$\eta(\theta, \mu) = 0, \theta \in -\tau_1 \tag{5-42d}$$

对于 $\varphi = C([-\tau_1, 0], R^3)$，定义式（5-43a）、式（5-43b）、式（5-44a）、式（5-44b）。

$$A(\mu)\varphi = \frac{\mathrm{d}\varphi(\theta)}{\mathrm{d}\theta}, \theta \in [-\tau_1, 0] \tag{5-43a}$$

$$A(\mu)\varphi = \int_{-\tau_1}^{0} \mathrm{d}\eta(\xi\mu)\varphi\xi, \theta = 0 \tag{5-43b}$$

$$R(\mu)\varphi = 0, \theta \in [-\tau_1, 0] \tag{5-44a}$$

$$R(\mu)\varphi = f(\mu, \varphi), \theta = 0 \tag{5-44b}$$

为了简便，方程（5-36）可以写成式（5-45）的形式。

$$\dot{u}(t) = A(\mu)u_t + R(\mu)u_t \tag{5-45}$$

其中，

$$u_t = u(t+\theta), \theta \in [-\tau_1, 0] \tag{5-46}$$

对于 $\psi \in C^1([0, \tau_1], (R^3)^*)$，定义 A 的伴随算子 A^* 如式（5-47a）、式（5-47b）以及双线性形式（5-48）所示。

$$A^*\psi(s) = -\frac{\mathrm{d}\psi(s)}{\mathrm{d}s}, s \in (0, \tau_1) \tag{5-47a}$$

$$A^*\psi(s) = \int_{-\tau_1}^{0} \mathrm{d}\eta^T(t, 0)\psi(-t), s = 0 \tag{5-47b}$$

$$<\psi, \varphi> = \bar{\psi}(0)\varphi(0) - \int_{-\tau_1}^{0}\int_{\xi-0}^{\theta} \bar{\psi}(\xi-\theta)\mathrm{d}\eta(\theta)\varphi(\xi)\,\mathrm{d}\xi \tag{5-48}$$

其中，

$$\eta(\theta) = \eta(\theta, 0) \tag{5-49}$$

通过上面的分析知 σ_{h_0} 和 $-i\sigma_{h_0}$ 是 $A(0)$ 的特征值，也是 $A^*(0)$ 的特征值。

设 $q(\theta)$ 是 $A(0)$ 的特征值 $i\sigma_{h_0}$ 相对应的特征向量，$q^*(\theta)$ 是 $A^*(0)$ 的特征值 $-i\sigma_{h_0}$ 相对应的特征向量。则有式（5-50a）和式（5-50b）。

$$A(0)q(\theta) = i\sigma_{h_0}q(\theta) \tag{5-50a}$$

$$A^*(0)q(\theta) = -i\sigma_{h_0}q(\theta) \tag{5-50b}$$

通过简单的计算，可以得到式（5-51a）和式（5-51b）。

$$q(0) = (1, \alpha, \beta)^T = \left(1, \frac{1}{-b - \sigma_{h_0} i}, \frac{1}{-c - \sigma_{h_0} i}\right)^T \qquad (5\text{-}51a)$$

$$q^*(s) = D(1, \alpha, \beta) e^{is\sigma_{h_0}} = D\left(1, 0, \frac{1}{-c - \sigma_{h_0} i}\right) e^{is\sigma_{h_0}} \qquad (5\text{-}51b)$$

$$
\begin{aligned}
< q^*(s), q(\theta) > &= \bar{D}(1, \bar{\alpha}^*, \bar{\beta}^*)(1, \alpha, \beta)^T - \int_{-\tau_1}^{0} \int_{\xi=0}^{\theta} \bar{D}(1, \bar{\alpha}^*, \\
&\quad \bar{\beta}^*) e^{-i(\xi-\theta)\sigma_{h_0}} \mathrm{d}\eta(\theta)(1, \alpha, \beta)^T e^{is\sigma_{h_0}} \mathrm{d}\xi \\
&= \bar{D}\left\{1 + \alpha\bar{\alpha}^* + \beta\bar{\beta}^* - k_1\tau_1 e^{-i\sigma_{h_0}} - k_2\tau_2^0 e^{-i\sigma_{h_0}}\right\}
\end{aligned}
$$

$$\qquad (5\text{-}51c)$$

其中，D 是一个常数，使得 $< q^*(s), q(\theta) > = 1$ 成立。因此式（5-52）成立。

$$D = \frac{1}{1 + \alpha\bar{\alpha}^* + \beta\bar{\beta}^* - k_1\tau_1 e^{i\sigma_{h_0}} - k_2\tau_2^0 e^{i\sigma_{h_0}}} \qquad (5\text{-}52)$$

使用 Ruan 等（2003）同样的标记，我们可以计算 $\mu = 0$ 的中心流形。令 μ_1 是方程（5-36）当 $\mu = 0$ 时的解，定义式（5-53a）~式（5-53c）：

$$z(t) = < q^*, u_t > \qquad (5\text{-}53a)$$

$$W(t, \theta) = u_t(\theta) - 2R_e\{z(t)q(\theta)\} \qquad (5\text{-}53b)$$

$$
\begin{aligned}
W(t, \theta) &= W(z(t), \bar{z}(t), \theta) \\
&= W_{20}(\theta)\frac{z^2}{2} + W_{11}(\theta)z\bar{z} + W_{02}(\theta)\frac{\bar{z}^2}{2} \\
&= W_{30}(\theta)\frac{z^3}{6} + \cdots
\end{aligned}
\qquad (5\text{-}53c)
$$

其中，z 和 $\bar{z}$ 是中心流形上的局部坐标。此外，当 $\mu = 0$ 时，式（5-54）成立。

$$
\begin{aligned}
\bar{z}(t) &= i\sigma_k\tau_k z + < q^*(\theta), f(0, W(z(t), \bar{z}(t), \theta) + \\
&\quad 2R_e\{z(t)q(\theta)\}) >
\end{aligned}
$$

$$= i\sigma_{h_0} z + \bar{q}^*(0)\left(\left(f(0, W(z(t), \bar{z}(t), 0))\right) + \right.$$
$$\left. 2R_e\{z(t)q(0)\}\right) \tag{5-54}$$

令，

$$f(0, W(z(t), \bar{z}(t), 0) + 2R_e\{z(t)q(0)\}) = f_0(z, \bar{z}) \tag{5-55}$$

则：

$$\dot{z}(t) = i\sigma_{h_0} z + \bar{q}^*(0)f_0(z, \bar{z}) \tag{5-56}$$

$$\dot{z}(t) = i\sigma_{h_0} z + g(z, \bar{z}) \tag{5-57a}$$

$$g(z, \bar{z}) = g_{20}\frac{z^2}{2} + g_{11}z\bar{z} + g_{02}(\theta)\frac{\bar{z}^2}{2} + g_{21}(\theta)\frac{z^2\bar{z}}{2} + \cdots \tag{5-57b}$$

因为：

$$q(\theta) = (1, \alpha, \beta)^T e^{i\theta\sigma_{h_0}} \tag{5-58a}$$

$$u_t(\theta) = (u_{1t}(\theta), u_{2t}(\theta), u_{3t}(\theta)) = W(t, \theta) + z(t)q(\theta) + \bar{z}(t)\bar{q}(\theta) \tag{5-58b}$$

$$u_{1t}(0) = z + \bar{z} + W_{20}^{(1)}\frac{z^2}{2} + W_{11}^{(1)}z\bar{z} + W_{02}^{(1)}\frac{\bar{z}^2}{2} + \cdots \tag{5-59a}$$

$$u_{2t}(0) = \alpha z + \bar{\alpha}\bar{z} + W_{20}^{(2)}\frac{z^2}{2} + W_{11}^{(2)}z\bar{z} + W_{02}^{(2)}\frac{\bar{z}^2}{2} + \cdots \tag{5-59b}$$

$$u_{3t}(0) = \beta z + \bar{\beta}\bar{z} + W_{20}^{(3)}\frac{z^2}{2} + W_{11}^{(3)}z\bar{z} + W_{02}^{(3)}\frac{\bar{z}^2}{2} + \cdots \tag{5-59c}$$

基于式（5-57），可得式（5-60）：

$$g(z, \bar{z}) = q^*(0)f_0(z, \bar{z})$$

$$= \bar{D}(1, \bar{\alpha}^*, \bar{\beta}^*)\begin{pmatrix} u_{1t}(0) \\ -u_{1t}^2(0) - bu_{1t}(0)u_{2t}(0) \\ 0 \end{pmatrix}$$

$$= D\left(z + \bar{z} + W_{20}^{(1)}\frac{z^2}{2} + W_{11}^{(1)}z\bar{z} + W_{02}^{(1)}\frac{\bar{z}^2}{2} + \cdots\right)$$

$$= \left(\alpha z + \bar{\alpha} \bar{z} + W_{20}^{(2)} \frac{z^2}{2} + W_{11}^{(2)} z\bar{z} + W_{02}^{(1)} \frac{\bar{z}^2}{2} + \cdots \right)$$

$$(5-60)$$

利用比较系数的方法，得到：

$$g_{20} = 2\alpha \bar{D} \tag{5-61a}$$

$$g_{21} = 2\bar{D} \left[\frac{1}{2} W_{20}^{(1)}(0)\bar{\alpha} + \frac{1}{2} W_{20}^{(1)}(0) + W_{11}^{(2)}(0) + W_{11}^{(1)}(0)\alpha \right]$$

$$(5-61b)$$

$$g_{02} = 2\bar{\alpha}\bar{D} \tag{5-61c}$$

$$g_{11} = (\alpha + \bar{\alpha})\bar{D} \tag{5-61d}$$

为了计算 $W_{20}(\theta)$ 和 $W_{11}(\theta)$，我们用：

$$\dot{W} = \dot{u}_t - \dot{z}q - \dot{\bar{z}}\bar{q}$$

$$= \begin{cases} A(0)W - 2R_e\{\bar{q}^*(0)f_0 q(\theta)\}, & \theta \in [-\tau_1, 0] \\ A(0)W - 2R_e\{\bar{q}^*(0)f_0 q(\theta)\} + f_0, & \theta = 0 \end{cases} \tag{5-62}$$

令：

$$H(z,\bar{z},\theta) = \begin{cases} 2R_e\{\bar{q}^*(0)f_0 q(\theta)\}, & \theta \in [-\tau_1, 0] \\ 2R_e\{\bar{q}^*(0)f_0 q(\theta)\} + f_0, & \theta = 0 \end{cases} \tag{5-63}$$

我们重写式（5-62）：

$$\dot{W} = A(0)W + H(z,\bar{z},\theta) \tag{5-64}$$

其中，

$$H(z,\bar{z},\theta) = H_{20}(\theta) \frac{z^2}{2} + H_{11}(\theta) z\bar{z} + H_{02}(\theta) \frac{\bar{z}^2}{2} + \cdots \tag{5-65}$$

基于式（5-62）和式（5-65），可得：

$$(A(0) - 2i\sigma_{h_0})W_{20}(\theta) = -H_{20} \tag{5-66a}$$

$$A(0)W_{11}(\theta) = -H_{11}(\theta) \tag{5-66b}$$

当 $\theta \in [-\tau_1, 0]$ 时：

$$H(z,\bar{z},\theta) = -\bar{q}^*(0)f_0q(\theta) - \overline{q^*(0)f_0}\bar{q}(\theta)$$
$$= -g(z,\bar{z})q(\theta) - \bar{g}(z,\bar{z})\bar{q}(\theta) \quad (5\text{-}67)$$

结合式（5-65），得到：

$$H_{20}(\theta) = -g_{20}q(\theta) - \bar{g}_{02}\bar{q}(\theta) \quad (5\text{-}68a)$$

$$H_{11}(\theta) = -g_{11}q(\theta) - \bar{g}_{11}\bar{q}(\theta) \quad (5\text{-}68b)$$

利用式（5-66）和式（5-68），容易得：

$$W_{20} = 2i\sigma_{h_0}W_{20}(\theta) + g_{20}q(\theta) + \bar{g}_{02}\bar{q}(\theta) \quad (5\text{-}69a)$$

$$W_{20} = \frac{ig_{20}}{\sigma_{h_0}}q(0)e^{i\theta\sigma_{h_0}} + \frac{i\bar{g}_{02}}{3\sigma_{h_0}}\bar{q}(0)e^{-i\theta\sigma_{h_0}} + Ee^{2i\theta\sigma_{h_0}} \quad (5\text{-}69b)$$

且

$$W_{11} = -\frac{ig_{11}}{\sigma_{h_0}}q(0)e^{i\theta\sigma_{h_0}} + \frac{i\bar{g}_{11}}{\sigma_{h_0}}\bar{q}(0)e^{-i\theta\sigma_{h_0}} + E_2 \quad (5\text{-}70)$$

为了书写方便，记为：

$$E_1 = (E_1^{(1)}, E_1^{(2)}, E_1^{(3)})^T \in R^3 \quad (5\text{-}71a)$$

$$E_2 = (E_2^{(1)}, E_2^{(2)}, E_2^{(3)})^T \in R^3 \quad (5\text{-}71b)$$

再次结合式（5-66），得：

$$\dot{W}_{20}(\theta) = \int_{-\tau_1}^0 \mathrm{d}\eta(\theta)W_{20}(\theta)$$
$$= 2i\theta\sigma_{h_0}W_{20}(\theta) - H_{20}(\theta) \quad (5\text{-}72)$$

$$\dot{W}_{11}(\theta) = \int_{-\tau_1}^0 \mathrm{d}\eta(\theta)W_{11}(\theta) = -H_{11}(\theta) \quad (5\text{-}73)$$

基于式（5-66），得到：

$$H_{20}(0) = -g_{20}q(0) - \bar{g}_{02}\bar{q}(0) + 2(\alpha, -1 - b\alpha, 0) \quad (5\text{-}74a)$$

$$H_{11}(0) = -g_{11}q(0) - \bar{g}_{11}\bar{q}(0) + (\alpha + \bar{\alpha}, -2 - b(\bar{\alpha} + \alpha, 0))^T$$
$$(5\text{-}74b)$$

$$\left(i\sigma_{h_0} - \int_{-\tau_1}^0 e^{i\theta\sigma_{h_0}}\mathrm{d}\eta(\theta)\right)q(0) = 0 \quad (5\text{-}74c)$$

$$\left(-i\sigma_{h_0} - \int_{-\tau_1}^0 e^{-i\theta\sigma_{h_0}}\mathrm{d}\eta(\theta)\right)\bar{q}(0) = 0 \quad (5\text{-}74d)$$

将式（5-70）和式（5-74）代入式（5-72），得：

$$\left(2i\sigma_{h_0}I - \int_{-\tau_1}^{0} e^{i\theta\sigma_{h_0}}\mathrm{d}\eta(\theta)\right)E_1 = 2(\alpha, -1-b\alpha, 0)^T \quad (5\text{-}75)$$

化简可得：

$$\begin{pmatrix} 2i\sigma_{h_0}+a-1/b-k_1-k_2+f(\tau_1,\tau_2^0) & 0 & -1 \\ 1 & 2i\sigma_{h_0}+b & 0 \\ 1 & 0 & 2i\sigma_{h_0}+c \end{pmatrix} E_1 = 2\begin{pmatrix} \alpha \\ -1-b\alpha \\ 0 \end{pmatrix}$$

$$(5\text{-}76)$$

其中，

$$f(\tau_1,\tau_2^0) = k_1 e^{-2i\sigma_{h_0}\tau_1} + k_2 e^{-2i\sigma_{h_0}\tau_2^0} \quad (5\text{-}77)$$

求解得：

$$E_1^{(1)} = \frac{\Delta_{11}}{\Delta_1}, \quad E_1^{(2)} = \frac{\Delta_{12}}{\Delta_1}, \quad E_1^{(3)} = \frac{\Delta_{13}}{\Delta_1} \quad (5\text{-}78)$$

其中，

$$\Delta_{11} = \begin{vmatrix} 2\alpha & 0 & -1 \\ -2-2b\alpha & 2i\sigma_{h_0} & 0 \\ 0 & 0 & 2i\sigma_{h_0}+c \end{vmatrix} \quad (5\text{-}79\mathrm{a})$$

$$\Delta_{12} = \begin{vmatrix} 2i\sigma_{h_0}+a-1 \\ b-k_1-k_2+f(\tau_1,\tau_2^0) & 2\alpha & -1 \\ 1 & -2-2b\alpha & 0 \\ 1 & 0 & 2i\sigma_{h_0}+c \end{vmatrix} \quad (5\text{-}79\mathrm{b})$$

$$\Delta_{13} = \begin{vmatrix} \dfrac{2i\sigma_{h_0} + a - 1}{b - k_1 - k_2 + f(\tau_1, \tau_2^0)} & 0 & 2\alpha \\ 1 & 2i\sigma_{h_0} + b & -b - 2b\alpha \\ 1 & 0 & 0 \end{vmatrix}$$

$$(5-79c)$$

$$\Delta_1 = \begin{vmatrix} \dfrac{2i\sigma_{h_0} + a - 1}{b - k_1 - k_2 + f(\tau_1, \tau_2^0)} & 0 & -1 \\ 1 & 2i\sigma_{h_0} + b & 0 \\ 1 & 0 & 2i\sigma_{h_0} + c \end{vmatrix}$$

$$(5-79d)$$

同理，可以求得：

$$\begin{pmatrix} \dfrac{a-1}{b-k_1-k_2} & 0 & -1 \\ 1 & b & 0 \\ 1 & b & c \end{pmatrix} E_2 = \begin{pmatrix} \alpha + \bar{\alpha} \\ -2 - b(\bar{\alpha} + \alpha) \\ 0 \end{pmatrix} \qquad (5-80)$$

求解得：

$$E_2^{(1)} = \frac{\Delta_{21}}{\Delta_2}, \ E_2^{(2)} = \frac{\Delta_{22}}{\Delta_2}, \ E_2^{(3)} = \frac{\Delta_{23}}{\Delta_2} \qquad (5-81)$$

其中，

$$\Delta_{21} = \begin{vmatrix} \alpha + \bar{\alpha} & 0 & -1 \\ -2 - b(\bar{\alpha} + \alpha) & b & 0 \\ 1 & 0 & c \end{vmatrix} \qquad (5-82a)$$

$$\Delta_{22} = \begin{vmatrix} a - 1/b - k_1 - k_2 & \alpha + \bar{\alpha} & 0 \\ 1 & -2 - b(\bar{\alpha} + \alpha) & 0 \\ 1 & 0 & c \end{vmatrix} \qquad (5-82b)$$

$$\Delta_{23} = \begin{vmatrix} a - 1/b - k_1 - k_2 & 0 & \alpha + \bar{\alpha} \\ 1 & b & -2 - b(\bar{\alpha} + \alpha) \\ 1 & 0 & 0 \end{vmatrix}$$

$$(5-82c)$$

$$\Delta_2 = \begin{vmatrix} a - 1/b - k_1 - k_2 & 0 & -1 \\ 1 & b & 0 \\ 1 & 0 & c \end{vmatrix} \qquad (5-82d)$$

进一步地，g_{ij} 可以由系统（5-7）的系数和时滞决定，可计算出下列数值：

$$C_1(0) = \frac{i}{2\sigma_{h_0}}\left(g_{20}g_{11} - 2|g_{11}|^2 - \frac{1}{3}|g_{02}|^2\right) + \frac{g_{21}}{2} \qquad (5-83a)$$

$$\mu_2 = -\frac{\mathrm{Re}\{C_1(0)\}}{e\left\{\dfrac{\mathrm{d}\lambda}{\mathrm{d}\tau_2^0}\right\}} \qquad (5-83b)$$

$$T_2 = -\frac{\mathrm{Im}C_1(0) + \mu_2 \mathrm{Im}\left\{\dfrac{\mathrm{d}\lambda}{\mathrm{d}\tau_2^0}\right\}}{\sigma_{h_0}} \qquad (5-83c)$$

$$\beta_2 = 2R_e\{C_1(0)\} \qquad (5-83d)$$

式（5-83）决定了在中心流上临界处 τ_0^2 分支出周期解的性质。因此得到定理 5.3。

定理 5.3 在式（5-83）中，当 $\tau_1 \in (0, \tau_1^0)$ 时：

（1）μ_2 的符号决定 Hopf 的方向：如果 $\mu_2 > 0(\mu_2 < 0)$，则 Hopf 分叉是超临界的（次临界的），当 $\tau_2 > \tau_2^0(\tau_2 < \tau_2^0)$ 时，分支周期解存在。

（2）β_2 的符号决定分支周期解的稳定性：如果 $\beta_2 < 0(\beta_2 > 0)$，则周期解是稳定的（不稳定的）。

（3）T_2 的符号决定分支周期解的周期：如果 $T_2 > 0$（$T_2 < 0$），则周期解是增加的（减小的）。

5.4 数值结果与分析

本部分我们将数值模拟双时滞的 Hopf 分叉得出的一些数值结果，检验我们前面分析所得结果的正确性。

我们设定参数 $a=3$，$b=4$，$c=1.0$，$k_1=1.8$，$k_2=1$，验证系统（5-3）在没有时滞时的平衡点（0，$1/b$，0）双曲渐近稳定。

（1）当 $T_1>0$ 且 $T_2=0$ 时

当 $T_1>0$，$T_2=0$ 时，若方程（5-14）有一对纯虚根 iw 和 $-iw$，则有两个正根 $w_1=0.421944$ 和 $w_2=1.77749$。将 w_1 和 w_2 代入式（5-18），可以得到：

$$T_1(1,j) = 7.36155 + 14.891j \qquad (5\text{-}84a)$$

$$T_1(2,j) = 1.29025 + 3.53487j\,(j=0,1,2,\cdots) \qquad (5\text{-}84b)$$

即 $T_1^0=1.29025$，且当 $T_1 = T_1^0$ 时，方程（5-14）和式（5-85）成立。

$$\frac{\mathrm{d}(R_e\lambda)}{\mathrm{d}\tau_1} = 0.221229 > 0 \qquad (5\text{-}85)$$

根据定理5.1，系统（5-3）在平衡点（0，$1/b$，0）当 $T_1 \in (0, T_1^0)$ 时是双曲渐近稳定的，因此，当 $T_1=1$，$T_2=0$ 且在 $T_1 = T_1^0$ 时发生了 Hopf 分叉。

当 $T_1=1<T_1^0$，$T_2=0$，$a=3$，$b=4$，$c=1.0$，$k_1=1.8$，$k_2=1$，初始值为（0.1，0.5，0.1）时，相应的时间序列图和相图如图 5-2 所示。图 5-2（a）为三维空间（y，z，x）中的相图，图 5-2（b）为平面（t，x）中的波形图，图 5-2（c）为平面（t，y）中的波形图，图 5-2（d）为平面（t，z）中的波形图。

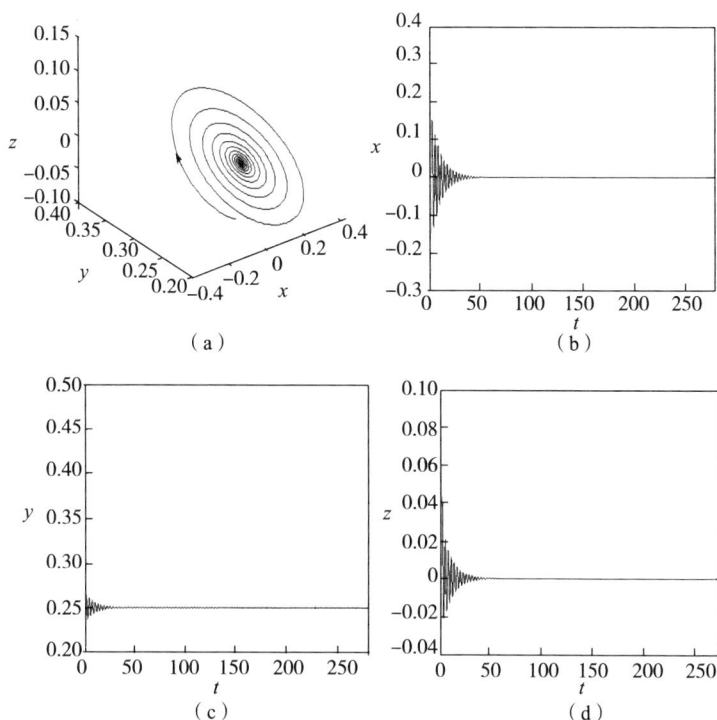

图 5-2　系统（5-3）的相图和时间序列图（$T_1 = 1$，$T_2 = 0$）

（2）当 $T_1 > 0$，$T_2 > 0$，$T_1 \neq T_2$ 时

现令 $T_1 = 1 < T_1^0$，考虑 $T_2 > 0$。若方程（5-27）有一对纯虚根 $i\sigma$ 和 $-i\sigma$，则对于方程（5-29），求得 $N = 2$，即有 $\sigma_1 = 1.4184$ 和 $\sigma_2 = 2.19662$。将 σ_1 和 σ_2 代入式（5-30），可以得到：

$$T_2(1,j) = 1.52247 + 4.42976j \qquad (5-86a)$$

$$T_2(2,j) = 0.899917 + 2.86039j(j = 0,1,2,\cdots) \qquad (5-86b)$$

即 $\tau_2^0 = 0.899917$。当 $T_2 = \tau_2^0$ 时，方程（5-27）有

$$\frac{\mathrm{d}(R_e\lambda)}{\mathrm{d}\tau_2} = 0.227516 > 0 \qquad (5-87)$$

因此，当 $T_2 \in (0, \tau_2^0)$，平衡点（0，$1/b$，0）是双曲渐近稳

定的，当 $T_1=1$，$T_2=0.2$ 且在 $T_2=\tau_2^0$，时发生了 Hopf 分叉。

当 $T_1=1$，$T_2=0.2$，$T_2=0.1<\tau_2^0$，及 $a=3$，$b=4$，$c=1.0$，$k_1=$ 1.8，$k_2=1$，初始值为（0.1，0.5，0.1）时，系统（5-3）相应的时间序列图和相图如图 5-3 所示。图 5-3（a）为三维空间（y，z，x）中的相图，图 5-3（b）为平面（t，x）中的波形图，图 5-3（c）为平面（t，y）中的波形图，图 5-3（d）为平面（t，z）中的波形图。

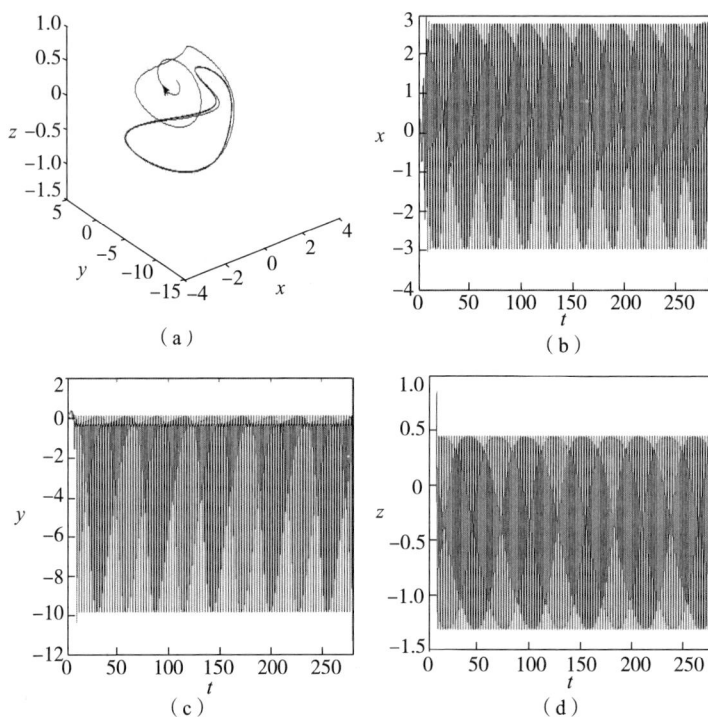

图 5-3 系统（5-3）的相图和时间序列图（$T_1=1$，$T_2=0.2$）

根据定理 5.2，可以求得：

$$C_1(0)=-0.0230152-0.0061031 \tag{5-88a}$$

$$\mu_2=0.101159>0 \tag{5-88b}$$

$$\beta_2=-0.0460304<0 \tag{5-88c}$$

因此当 $\tau_2 > \tau_2^0$，$T_1 = 1$，$T_2 = 0.95$ 时，分支周期解存在，且周期解是稳定的。当 $T_1 = 1$，$T_2 = 0.95 > \tau_2^0$，且 $a = 3$，$b = 4$，$c = 1.0$，$k_1 = 1.8$，$k_2 = 1$。初始值为（0.1，0.5，0.1）时，系统（5-3）的三维相图如图 5-4 所示。

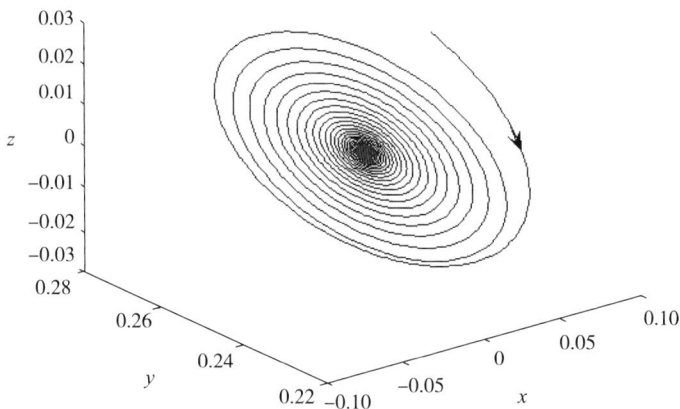

图 5-4　系统（5-3）的相图

5.5　本章小结

本章研究了一类改进的金融模型在两个时滞下的 Hopf 分叉问题。首先通过讨论平衡点处特征方程根的分布情况，利用分支理论分别获得在单时滞和双时滞两种情形下平衡点周围出现周期解的条件，即当时滞通过极值点时，平衡点失去稳定并且发生 Hopf 分叉。其次利用较成熟的中心流形定理与规范型理论，深入研究了分支周期解的方向和稳定性。在局部分支存在的前提下，又利用泛函微分方程全局分支存在性理论讨论了此系统的全局分支周期解的存在性。最后得出，在平衡点双曲渐近稳定的情况下，可以通过时滞调节平衡点的稳定性以及周期解产生的位置。

　　含时滞的金融系统具有丰富的动力学特性，这说明时滞在金融系统中也是一个非常敏感的影响因素，时滞反馈控制方法是一种有效的控制方法，并且时滞反馈控制方法不改变系统中原有的平衡点位置，从而可以保留原系统的一些特征。时滞反馈控制方法也说明了泛函微分方程理论在控制领域也有着至关重要的作用，因此可以为相关部门对经济行为调控提供理论参考。

第 ❻ 章
一类四维金融系统中的 Hopf 分叉、正向不变集和 电路设计与仿真

6.1 引言

黄登仕等（1993）最早提出的经典三维金融动态模型是用来描述利率、价格指数和投资需求三个变量的时间变化的。之后的三维金融混沌动态系统主要用以模拟金融市场管理过程并提供有效控制（B. D. Hassard，1981；S. Ruan，2003；X. D. Zhang，2013）。Zhang 等（2011）提出对于所有参数都为非负的三维系统的最终边界和正向不变集。Wang（2014）等提出了一个光滑的四维二次自治超混沌系统，它产生了两个双翼周期性、准周期性和超混沌吸引子。Wei 和 Zhang（2014）通过研究得到了一个四维自治系统的最终界限和正向不变集。Prakash 和 Bala（2016）提出了名为 Rikitake 的超混沌系统，该系统是一种新颖的四维非线性自治系统，并且保证了 Hopf 分叉的存在性。Du 等（2016）提出了一个新的四维二次自治超混沌吸引子，并分析了其在平衡点处的 Hopf 分叉。Yu 等（2012）提出超混沌系统比混沌系统有更

复杂的动力学行为，并且对金融系统的研究具有实际意义。因此，深入地研究复杂超混沌金融系统的内部结构特征是很有必要的，用于解释更多复杂的现象，预测金融系统的动态行为。

本章研究了一类新的四维超混沌金融系统中的 Hopf 分叉，正向不变集及动力学特性。首先，在第 5 章提出的经典三维金融系统模型基础上，加入非线性反馈项构造了一种新型的超混沌金融系统。其次，从理论上得到了混沌或超混沌行为不存在的充分条件，利用 Lyapunov 指数对新型超混沌金融系统进行数值证明，接着研究得到了四维 Hopf 分叉的数学特征值，介绍了最终界限和正向不变集。再次，通过分叉图数值研究了系统的动力学性质。最后，使用电子电路和示波器实现了系统的工程意义。

6.2　经典的金融系统模型

6.2.1　制定系统

黄登仕（1993）等建立了一个由生产子块、货币、证券子块、劳动子块所组成的具有不同因素的金融动力系统。通过设置适当的维数和选择合适的坐标，提出了一个简化的金融模型：

$$\dot{x} = z + (y - a)x \tag{6-1a}$$
$$\dot{y} = 1 - by - x^2 \tag{6-1b}$$
$$\dot{z} = -x - cz \tag{6-1c}$$

其中，x 为利率，y 为投资需求，z 为价格指数，a 为储蓄量，b 为单位投资成本，c 为商品需求弹性，a、b、c 均为正常数。

为了研究四维金融系统的动力学行为，我们在原来三维金融模型的基础上设计受控系统如下：

$$\dot{x} = z + (y - a)x \tag{6-2a}$$

$$\dot{y} = 1 - by - x^2 \tag{6-2b}$$

$$\dot{z} = -x - cz + u \tag{6-2c}$$

$$\dot{u} = -dxy - ku - mz \tag{6-2d}$$

其中，控制器 u 代表控制投入和国家干预经济状态以平衡经济环境。例如，美国的利率是由美国联邦储备理事会（美联储）考虑短期经济目标而决定的。开放市场的监管机构会按一定的时间间隔来监督经济和金融形势并决定货币政策。政府一般会通过提高利率的方式减少通货膨胀，同时增加消费者的购买力。因此，控制输入才是与所有变量相互作用的关键因素。利率、通货膨胀（这也代表了研究中用 z 表示商品的价格）和政府规定之间的交叉关系，可以用方程（6-2）表示，其中 d、k、m 表示相应的振幅。

控制器 u 为控制输入，其变化率受价格指标 z 的影响，表示利率和投资需求的交叉项 xy 通过 u 来调整。且 d、k、$m \in R^3$，控制参数 u 作为控制输入，它的改变率受价格指标 z 和交叉项 xy 影响，受控制参数 u 和 d、k、$m \in R^3$ 影响。

图 6-1 中显示了四维金融系统（6-2）在参数值 $a = 0.9$，$b = 0.2$，$c = 1.5$，$d = 0.2$，$k = 0.05$，$m = 0.005$ 和初始条件（0，1，-0.5，0）下的超混沌吸引子。图 6-1（a）是 (x, y, z) 空间和 $u = 0$ 中的相图，而图 6-1（b）是 (y, z, u) 空间和 $x = 0$ 中的相图。表明当相应的 Lyapunov 指数 $L_1 = 0.03003$，$L_2 = 0.01448$，$L_3 = -0.0003$ 和 $L_4 = -1.2318$ 时，系统具有复杂的动力学行为。

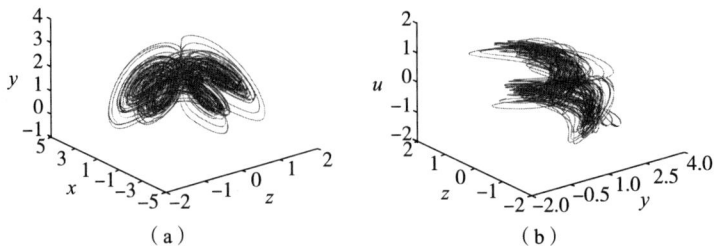

（a）   （b）

图 6-1　四维金融系统（6-2）的混沌吸引子图相图

6.2.2　混沌或超混沌行为的不存在性

系统（6-2）中对某些特定的参数值不存在混沌解，这将有利于我们找到带有三个正 Lyapunov 指数的超混沌现象。更确切地说，主要结果如定理 6.1 所示。

定理 6.1　在系统（6-2）中考虑一个六维参数族（a，b，c，d，k，m），如果参数满足 $a>0$，$b>0$ 和 $c>0$，满足以下条件：

$$m=\frac{d(1+ac+2d-a^2d+acd+d^2-ak-ck+adk-cdk+k^2)}{(1+d)^2},$$

$$\frac{ad+k}{1+d}<0 \tag{6-3}$$

则系统（6-2）没有有界的混沌解或超混沌解。

证明： 从系统（6-2），得到：

$$d\dot{x}+\frac{d(k-a)}{1+d}\dot{z}+\dot{u}=(-ad-s)x+(d-m-cs)z+(-k+s)u \tag{6-4}$$

在式（6-3）的假设下，方程（6-4）变为：

$$d\dot{x}+\frac{d(k-a)}{1+d}\dot{z}+\dot{u}=-\frac{ad+k}{1+d}\left[dx+\frac{d(k-a)}{1+d}z+u\right] \tag{6-5}$$

则，可以得到如下表达式：

$$dx + \frac{d(k-a)}{1+d}z + u = \left[dx(0) + \frac{d(k-a)}{1+d}z(0) + u(0) \right] e^{-\frac{ad+k}{1+d}t}$$

(6-6)

因此，当 $\frac{ad+k}{1+d} < 0$ 时，$a > 0$ 是储蓄金额，$b > 0$ 是每项投资的成本，并且满足 $x(t)$、$z(t)$、$u(t)$ 至少一个不是有界的，那么系统（6-2）不是混沌的。证毕。

图 6-2 意味着系统（6-2）当参数值分别设置为 $a = 0.9$，$c = 1.5$，$d = 0.2$，$k = 0.05$，$b \in [-1,1]$ 和 $m \in [-1,1]$ 时的分叉集，并且将空间划分为在分叉集上有三个解的三个分叉集，一个解在分叉集中和分叉集下无解，这是符合理论的结果，如图 6-2 所示。

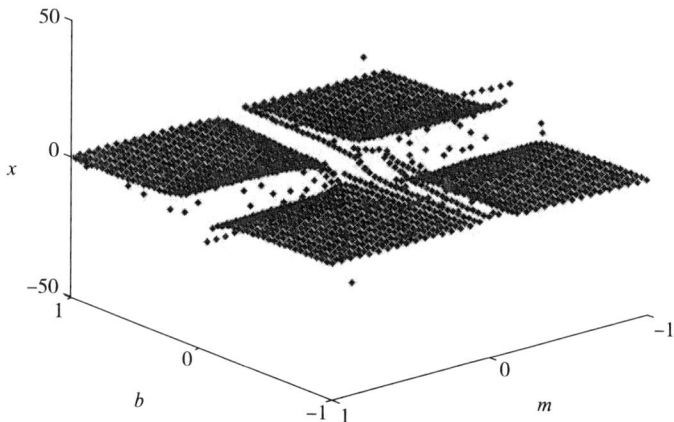

图 6-2　$b \in [-1,1]$、$m \in [-1,1]$ 时系统（6-2）的分叉集

6.3 系统平衡点的稳定性和分叉分析

6.3.1 平衡点的稳定性

首先，系统的稳定性很容易用坐标变换$(x,y,z,u) \rightarrow (-x,-y, z,-\omega)$来证明，即系统围绕 z 轴具有旋转对称性。为了研究系统（6-2）的平衡点，下式成立：

$$z + (y - a)x = 0 \tag{6-7a}$$

$$1 - by - x^2 = 0 \tag{6-7b}$$

$$-x - cz + u = 0 \tag{6-7c}$$

$$-dxy - ku - mz = 0 \tag{6-7d}$$

结合方程（6-7a）~方程（6-7c），我们获得：

$$x = \pm\sqrt{1 - by} \tag{6-8a}$$

$$z = \pm(a - y)\sqrt{1 - by} \tag{6-8b}$$

$$u = \pm\sqrt{1 - by}(1 + ac - cy) \tag{6-8c}$$

将方程（6-8）代入方程（6-7）得到：

$$\sqrt{1 - by}\left[(d - ck - m)y + k + ack + am\right] = 0 \tag{6-9}$$

其中，$f'_y = 0$，并且：

$$f'_y = -\frac{b}{2\sqrt{1 - by}}\left[(d - ck - m)y + k + ack + am\right] +$$

$$\sqrt{1 - by}\left[d - ck - m\right]$$

$$= 0 \tag{6-10}$$

$$y = \frac{2}{3b} - \frac{k + ack + am}{3(d - ck - m)} \tag{6-11}$$

将方程（6-11）代入方程（6-10）得到：

$$\sqrt{1 - \frac{b(k + ack + am)}{d - ck - m}} \left(\frac{d - ck - m}{b} + k + ack + am \right) = 0$$

$$(6-12)$$

因此，我们可以得到以下结果：

（1）如果 $d - ck - m = 0$，系统（6-2）只有一个平衡点 $E_0\left(0, \frac{1}{b}, 0, 0\right)$，变得不稳定。

（2）如果 $d - ck - m \neq 0$，$\Gamma_1 = -d + ck + m$，$\Gamma_2 = k + ack + am$，当 $0 < \Gamma_1 < b\Gamma_2$，系统（6-2）有三个平衡点 $E_0\left(0, \frac{1}{b}, 0, 0\right)$，$E_{1,2}(\pm x_0, y_0, \mp z_0, \mp u_0)$，其中：

$$x_0 = \frac{\Gamma_1 - b\Gamma_2}{\Gamma_1} \tag{6-13a}$$

$$y_0 = \frac{\Gamma_2}{\Gamma_1} \tag{6-13b}$$

$$z_0 = (ad + k) \frac{\Gamma_1 - b\Gamma_2}{\Gamma_1^{3/2}} \tag{6-13c}$$

$$u_0 = (d + acd - m) \frac{\Gamma_1 - b\Gamma_2}{\Gamma_1^{3/2}} \tag{6-13d}$$

下一步，我们考虑平衡点 E_0 和 $E_{1,2}$ 的稳定性。通过线性化系统（6-2）的平衡 (x_*, y_*, z_*, u_*)，获得雅可比矩阵为：

$$J(E) = \begin{pmatrix} y_* - a & x_* & 1 & 0 \\ -2x_* & -b & 0 & 0 \\ -1 & 0 & -c & 1 \\ -dy_* & -dx_* & -m & -k \end{pmatrix} \tag{6-14}$$

显然，平衡点 (x_*, y_*, z_*, u_*) 的特征方程为：

$$\lambda^4 + (a + b + c + k - y_*)\lambda^3 + (1 + ab + ac + bc + ak + bk + ck + $$

$$m + 2x_*^2 - by_* - cy_*)\lambda^2 + (b + abc + k + abk + ack + bck + am +$$

$$bm + 2cx_*^2 - bcy_* - dy_* - bky_* - cky_* - my_*)\lambda + bk + abck +$$

$$abm - 2dx_*^2 + 2ckx_*^2 + 2mx_*^2 + bdy_* - bcky_* - bmy_* = 0 \quad (6-15)$$

引入以下符号：

$$a_1 = a + b + c + k - y \quad (6-16a)$$

$$a_2 = 1 + ab + ac + bc + ak + bk + ck + m + 2x_*^2 - by_* - cy_*$$

$$(6-16b)$$

$$a_3 = b + abc + k + abk + ack + bck + am + bm +$$

$$2cx_*^2 - bcy_* + dy_* - bky_* - cky_* - my_* \quad (6-16c)$$

$$a_4 = bk + abck + abm - 2dx_*^2 + 2ckx_*^2 + 2mx_*^2 +$$

$$bdy_* - bcky_* - bmy_* \quad (6-16d)$$

根据 Routh-Hurwitz 准则，当且仅当满足式（6-10），所有根 λ 的实部为负值。

$$a_i(i = 1,2,3,4) > 0 \quad (6-17a)$$

$$a_1a_2 - a_3 > 0 \quad (6-17b)$$

$$a_1a_2a_3 - a_3^2 - a_1^2a_4 > 0 \quad (6-17c)$$

因此，当满足以上条件（6-17）时，平衡点 (x_*, y_*, z_*, u_*) 是双曲渐近稳定的。

注 1： 为了简化系统（6-2）动力学行为的研究，下文中系统参数的值固定为：$a = 0.9$，$c = 1.5$，$d = 0.2$，$k = 0.05$，$m = 0.005$，且初值是（0，1，−0.5，0）时：

（A）当 $m = 0.005$，系统（6-2）具有三个平衡点 E_0 和 $E_{1,2}$。

（A_1）当 $b > 0.7068$，E_0 是渐近（非对称）稳定的。

（A_2）当 $a_1a_2 - a_3 < 0$，对于 $b \in R^+$，$E_{1,2}$ 是不稳定的。

（B）当 $b = 0.2$，系统（6-2）有三个平衡点 E_0 和 $E_{1,2}$。

（B_1）当 $a_1 < 0$，对于 $m \in R^+$，E_0 是不稳定的。

（B_2）当 $m > 0.5139$ 时，$E_{1,2}$ 是渐近（非对称）稳定的。

对于新的四维动力系统控制参数的影响，通过数值模拟得到了仿真结果。根据条件（A_2）和（B_1），系统（6-2）的一些动力学特性可分别通过对其分叉图进行分析。

图 6-3 说明了当 $a = 0.9$，$c = 1.5$，$d = 0.2$，$k = 0.05$，$m = 0.005$ 时的分叉曲线，以及 Hopf 分叉点为 $b = 0.68$ 时，如图 6-3 所示。

图 6-4 中的分叉曲线显示了当 $a = 0.9$，$c = 1.5$，$d = 0.2$，$k = 0.05$，$b = 0.2$ 和改变系统参数的分叉时，以及 Hopf 分叉点 $m = 0.21$ 时，如图 6-4 所示。

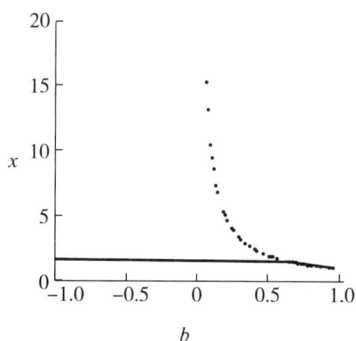

图 6-3　系统分叉曲线（分叉点为 $b = 0.68$）

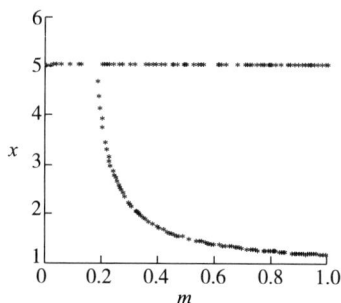

图 6-4　系统分叉曲线（分叉点为 $m = 0.21$）

6.3.2　系统的分叉分析

Prakash 和 Bala（2016）等提出用投影法计算 Hopf 分叉和相关的第一 Lyapunov 系数 l_1 的理论。设 l_1 是与 Hopf 分叉有关的第一 Lyapunov 系数。现在我们介绍投影法的计算方法，考虑微分方程。

$$\dot{X} = f(X, u) \tag{6-18}$$

其中，矢量 $x \in R^4$ 表示相位变量，$u \in R^6$ 是控制参数。假设 $f \in C^\infty \in R^4 \times R^6$，即 f 属于 $R^4 \times R^6$，并且在 $u = u_0$ 时方程（6-18）有一个平衡点 $X = X_0$。令变量 $X - X_0$ 变为 X，通过平移变化将平衡点移至原点，系统变为式（6-19）。

$$F(X) = f(X, u_0) \tag{6-19}$$

在 $X = 0$ 附近，Taylor 展开为：

$$F(X) = AX + \frac{1}{2}B(X, X) + \frac{1}{6}C(X, X, X) + O(\parallel X \parallel^4)$$

$$\tag{6-20}$$

其中，$A = f_x(0, u_0)$，且当 $i = 1, 2, 3$ 时，式（6-21a）、式（6-21b）成立。

$$B(X, Y) = \sum_{j,k=1}^{3} \frac{\partial^2 F_i(\xi)}{\partial \xi_i \partial \xi_k}\Big|_{\xi=0} X_j Y_k \tag{6-21a}$$

$$C(X, Y, Z) = \sum_{j,k,l=1}^{3} \frac{\partial^2 F_i(\xi)}{\partial \xi_i \partial \xi_k \partial \xi_l}\Big|_{\xi=0} X_j Y_k Z_l \tag{6-21b}$$

假设在虚轴上具有一对复特征值 $\lambda_{2,3} = \pm i\omega(\omega_0 > 0)$，它们是具有 $\mathrm{Re}\lambda = 0$ 的唯一特征值，T^c 是 A 关于 $\lambda_{2,3}$ 的广义特征空间，并且 $p, q \in C^3$ 是这样的矢量：假设奇点的 Jacobian 矩阵 A 具有一对纯虚数的特征值 $\lambda_{2,3} = \pm i\omega(\omega_0 > 0)$，$\lambda = 0$ 是唯一的特征值，令 T^c 是特征值 $\lambda_{2,3}$ 对应的特征向量，设向量 $p, q \in C^3$ 满足式

（6-22a）~式（6-22c）：

$$Aq = i\omega_0 q \qquad (6\text{-}22\text{a})$$

$$A^T p = -i\omega_0 p \qquad (6\text{-}22\text{b})$$

$$\langle p, q \rangle = 1 \qquad (6\text{-}22\text{c})$$

其中，A^T 是矩阵 A 的转置，对于向量 $y \in T^c$ 可以表示为式（6-23）。

$$y = \omega q + \bar{\omega}\bar{q} \qquad (6\text{-}23)$$

其中，

$$\omega = \langle p, y \rangle \in C \qquad (6\text{-}24)$$

系统（6-2）二维的中心流形可以通过 ω 和 $\bar{\omega}$ 表示，记为 $X = H(\omega, \bar{\omega})$，其中 $H : C^2 \rightarrow R^2$ 有如式（6-25）所示的 Taylor 展开。

$$H(\omega, \bar{\omega}) = \omega q + \bar{\omega}\bar{q} + \sum_{2 \leq j+k \leq 3} \frac{1}{j!\ k!} h_{jk}\omega^j + o(|\omega|^4) \qquad (6\text{-}25)$$

其中，$h_{jk} \in C^3$ 和 $h_{jk} = \bar{h}_{kj}$。将式（6-25）代入方程（6-19），可以得到以下微分方程：

$$H_\infty \omega' + H_\infty \bar{\omega}' = F(H(\omega, \bar{\omega})) \qquad (6\text{-}26)$$

通过求解由方程（6-19）的系数定义的线性方程组，我们可以得到复数向量 h_{ij} 在给定系数 F 的情况下，系统方程（6-26）可以写在中心流形图 ω 上：

$$H_\infty \omega' + H_\infty \bar{\omega}' = F(H(\omega, \bar{\omega})) \qquad (6\text{-}27)$$

其中，$G_{21} \in C$。

将第一类 Lyapunov 系数表示为方程（6-28）。

$$l_1 = \frac{1}{2}R_e G_{21} \qquad (6\text{-}28)$$

其中，

$$G_{21} = \langle p, C(q, q, \bar{q}) + B(\bar{q}, h_{20}) + 2B(q, h_{11}) \rangle \qquad (6\text{-}29)$$

Hopf 分叉点 (X_0, μ_0) 是方程（6-18）的一个平衡点，而在该点处 Jacobian 矩阵只有一对纯虚特征值 $\pm i\omega_0(\omega_0>0)$，其他特征值有非零实部。二维中心流形在 Hopf 点是明确定义的，在方程 (6-18) 产生的流下它是不变的，并且可以继续以任意高阶的可微性与附近的参数值相关。

如果参数相关的复特征值和非零导数的虚轴交叉，则 Hopf 点称为截断。在横向 Hopf 点的区域内，系统 (6-18) 的动力学行为可以减少到中心流形的一系列依赖于参数的延拓，并且拓扑轨道等同于复数标准形式，如式 (6-30) 所示。

$$\omega' = (\eta + i\omega)\omega + l_1\omega|\omega|^2 \tag{6-30}$$

其中，$\omega \in C$，η、ω 和 l_1 是具有任意高阶导数的实函数，并且是 Hopf 点的第一 Lyapunov 系数（J. Sotomayor，2007）。当 $l_1<0$（$l_1>0$）时，我们可以在这个集合点族中找到一个稳定（不稳定）的周期轨道族，则在 Hopf 点处可以缩小到一个平衡点。

本部分将采用四维 Hopf 分叉理论来进行有关动态分叉的参数变化分析。由于系统只有一个平衡点，所以只考虑系统 (6-2) 在 E_0 点处的分叉，则有定理 6.2。

（1）在点 E_0 的 Hopf 分叉。

定理 6.2 对于系统 (6-2)，当 $a=0.9$，$c=1.5$，$d=0.2$，$k=0.05$，$m=0.005$ 时，在点 E_0 处，对于临界值 $b=b_0=0.7068$，第一类 Lyapunov 系数如式 (6-31) 所示。

$$l_1 = -0.1568 < 0 \tag{6-31}$$

因此，系统 (6-2) 在 E_0 存在一个横向 Hopf 点，这个点是稳定的。而且，对于每一个 $b<b_0$，且接近 b_0 的，在不稳定平衡点 E_0 附近存在稳定的极限环。

证明： 对于参数 $(a, c, d, k, m) = (0.9, 1.5, 0.2, 0.05, 0.005)$ 和 $b=b_0=0.7068$，我们有：

$$\lambda_1 = -1.0351, \quad \lambda_2 = -0.7068, \quad \lambda_{3,4} = \pm 0.5309i \tag{6-32}$$

在式 (6-32) 的情况下，很容易得到边界条件 $\lambda'(b=b_0)<0$。

因此，在 E_0 点处存在一个 Hopf 分叉点。E_0 的稳定性可以由第一 Lyapunov 系数 l_1 的值决定，并且 l_1 可以显示 E_0 的稳定性和出现的周期性轨道。利用上面部分结论，多重线性对称函数可以写成：

$$B(x,y) = (x_1y_3 + x_3y_1, -2x_1y_1, 0, -\mathrm{d}x_1y_2 - \mathrm{d}x_2y_1)$$

$$(6\text{-}33a)$$

$$C(x,y,z) = (0,0,0,0) \qquad (6\text{-}33b)$$

此外，可得出以下结果：

$$p = (0.142675 + 0.581567i, 0, -0.0353347 + 0.375204i, -0.70668) \qquad (6\text{-}34a)$$

$$q = (0.522813 + 1.01926i, 0, -0.810362 - 0.247239i, -0.561461 + 0.218144i) \qquad (6\text{-}34b)$$

$$h_{11} = (-0.370497, -3.71333, 1.54211, 1.94266) \qquad (6\text{-}34c)$$

$$h_{20} = (-2.77049, -1.20144i, -0.726017 - 1.92509i, 0.494102 - 1.6501i, -0.277134 - 0.749036i)$$

$$(6\text{-}34d)$$

同时可得出以下参数值：

$$G_{21} = -0.313594 - 2.65646i \qquad (6\text{-}35)$$

$$l_1 = \frac{1}{2}R_e G_{21} = -0.1568 \qquad (6\text{-}36)$$

因此，该定理被证明。在不稳定的平衡点 E_0 附近，当 $b < b_0$，我们可以找到一个稳定的周期解。

图 6-5（a）显示当 (a, c, d, k) =（0.9, 1.5, 0.2, 0.05）和 $b = 0.68$ 时，不稳定平衡点 E_0 附近存在一个稳定的周期解。

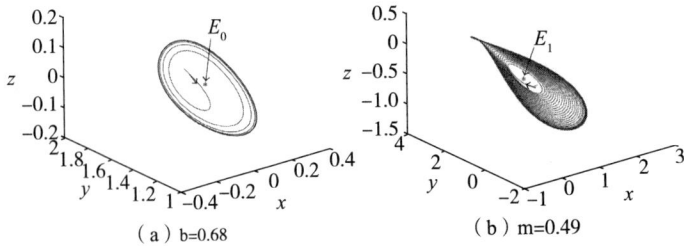

(a) b=0.68　　　　　　(b) m=0.49

图 6-5　系统（6-2）的相图

（2）在 $E_{1,2}$ 的 Hopf 分叉点。

定理 6.3　对于系统（6-2），当 $a=0.9$，$c=1.5$，$d=0.2$，$k=0.05$，$b=0.2$ 时，对于临界值 $m=m_0=0.5139$，在点 $E_{1,2}$ 第一 Lyapunov 系数由式（6-37）得出。

$$I_1 = -0.3045 \qquad\qquad (6\text{-}37)$$

因此，系统（6-2）在 $E_{1,2}$ 处具有一个横向稳定的 Hopf 点。此外，对于每一个 $m<m_0$，但是接近 m_0，在不稳定平衡点 $E_{1,2}$ 附近存在稳定的极限环。

证明：由于对称性只考虑 E_1，且参数满足 $(a,c,d,k,b)=(0.9,1.5,0.2,0.05,0.2)$ 和 $m=m_0=0.5139$，则式（6-38）成立。

$$\lambda_1 = -0.8279 \quad \lambda_2 = -0.3307 \quad \lambda_{3,4} = \pm1.4120i \qquad (6\text{-}38)$$

在这种情况下，很容易得到截断性条件 $\lambda'(m=m_0)<0$。因此，出现 Hopf 分叉。在 E_0 存在一个 Hopf 分叉点。第一 Lyapunov 系数 l_1 的值可以决定系统在 E_0 的稳定性。它证明了周期轨道的出现和平衡点的稳定性。根据上面得到的 λ 符号，多线性对称函数可以写成：

$$B(x,y) = (x_1y_3 + x_3y_1, -2x_1y_1, 0, -\mathrm{d}x_1y_2 - \mathrm{d}x_2y_1)$$

$$(6\text{-}39\mathrm{a})$$

$$C(x,y,z) = (0,0,0,0) \qquad\qquad (6\text{-}39\mathrm{b})$$

同时，可获得如下方程：

$p = (0.741494, -0.0915377 + 0.445225i, 0.331105 -$
　　　$0.22946i, -0.154015, -0.239956i)$　　　(6-40a)

$q = (0.6928 - 0.277114i, -0.208195 - 0.851511i, -0.192858 +$
　　　$0.428759i, -0.201872 + 0.0937186i)$　　　(6-40b)

$h_{11} = (0.542254, -1.02525, -0.674678, -0.469763)$
　　　　　　　　　　　　　　　　　　　　　　　(6-40c)

$h_{20} = (0.218437 + 0.0754352i, 0.304126 + 0.177492i,$
　　　$-0.0578508 + 0.0199395i, 0.075354 - 0.0580204i)$
　　　　　　　　　　　　　　　　　　　　　　　(6-40d)

然后计算式（6-41）和式（6-42）的参数值。

$G_{21} = -0.608777 + 1.36819i$　　　　　　　　(6-41)

$l_1 = \frac{1}{2} R_e G_{21} = -0.3045$　　　　　　　　(6-42)

因此，定理 6.3 获证。对于 $m < m_0$，我们可以找到接近不稳定平衡点 E_1 的稳定周期解。在图 6-5（b）中，对于 $m = 0.49$，在不稳定平衡点 E_1 附近存在一个稳定的周期解。

6.4　四维系统的正向不变集和最终有界集估计

令 $X = [x_1, x_2, x_3, x_4]^T$，定义 $X(t, t_0, X_0)$ 为下列系统的解：

$\dot{X} = f(X, \mu), X \in R^4$　　　　　　　　(6-43)

系统（6-43）满足 $X(t, t_0, X_0) = X_0$，且在初始时间为 t_0，初始条件为 X_0，将其表示为 $X(t)$。假设 $\Omega \in R^4$ 是一个极限集，

通过 $\rho(X(t),\Omega)=\inf_{Y\in\Omega}\|X(t)-y\|$ 和 $\Omega=\{X|\rho(X,\Omega)<\varepsilon\}$ 的定义，表示 $X(t)$ 和集合 Ω 之间的距离。

定义 6.1 D. Li（2009）、Z. Wei（2015）假设 $\Omega\in R^4$ 是一个极限集。如果对每一个 $X\in R^4/\Omega,\lim_{t\to\infty}\rho(X(t),\Omega)=0$，即对于任何一个 $\varepsilon>0$，存在 $T>t_0$，使得 $t>T$，$X(t,t_0,X_0)\in\Omega_\varepsilon$，则集合 Ω 被称为系统（6-40）的一个最终有界集。如果对任何 $X_0\in\Omega$ 和所有 $t\geq t_0$，$X(t,t_0,X_0)\subset\Omega$，则集合 Ω 被称为系统（6-43）的正向不变集。

由于二次多项式动力系统的 Lyapunov 函数在形式和应用上都是简单的，所以使用二次曲面边界来探讨混沌系统的界限。选择如下的 Lyapunov 函数：

$$P(X)=X^TPX+\zeta X+a_0 \tag{6-44}$$

其中，$P=(a_{ij})_{4\times4}\in R^{4\times4}$，$\zeta=(\zeta_1,\zeta_2,\zeta_3,\zeta_4)\in R^{4\times4}$，$a_0\in R$ 是待定参数。

导数 $p(X)$ 以及系统（6-43）带有大于等于三个自由度的交叉项，假设可得到系统（6-45）。

$$\dot p=X^TQX+\eta X+b_0 \tag{6-45}$$

其中，$Q=(b_{ij})_{4\times4}\in R^{4\times4}$，$\eta=(\eta_1,\eta_2,\eta_3,\eta_4)\in R^{4\times4}$，$b_0\in R$。

如果 P 是正定的并且 Q 是负定的，那么 $\dot p=0$ 必定是一个 R^4 中有界的球体。由于混沌系统是有界的，那么在系统（6-18）的解集合下，$p(X)$ 能达到最大值或最小值，故 $\dot p=0$ 是必要的。因此，为了评估系统方程（6-18）的最终界限，则只能通过如下优化来解决最大值（或最小值）问题：

$$p(X)=X^TPX+\zeta X+a_0 \tag{6-46}$$

$$X^TQX+\eta X+b_0=0 \tag{6-47}$$

如果能满足式（6-46）和式（6-47）讨论的条件，那么上述优化问题有一个解，假设 $p_{\min}\leq p(X)\leq p_{\max}$，那么集合 $\Omega=\{X\in R^4|p_{\min}\leq p(X)\leq p_{\max}\}$ 将是我们期望的最终边界。利用上述方法，

我们讨论了系统（6-2）当 $d=0$ 时的极限和正不变集。

定理 6.4　令

$$\Omega = \left\{ (x,y,z,u) \mid mx^2 + m(y-h)^2 + mz^2 + u^2 \leqslant R^2 \right\}$$

$$(6\text{-}48)$$

其中，

$$R^2 = \frac{m}{4a(b-a)}, b \geqslant 2a \qquad (6\text{-}49\text{a})$$

$$R^2 = \frac{m}{4k(b-k)}, b \geqslant 2k \qquad (6\text{-}49\text{b})$$

$$R^2 = \frac{m}{4c(b-c)}, b \geqslant 2c \qquad (6\text{-}49\text{c})$$

$$R^2 = \frac{m}{b^2}, b < 2a, b < 2k, b < 2c \qquad (6\text{-}49\text{d})$$

如果系统的参数满足 $m>0$、$a>0$、$b>0$、$c>0$ 和 $k>0$，那么系统（6-43）将具有最终有界集 Ω 和正向不变集。

证明：首先定义如式（6-50）所示的广义正定和有界的 Lya-punov 函数。

$$V(x,y,z,u) = mx^2 + my^2 + mz^2 + u^2 \qquad (6\text{-}50)$$

其中，$m>0, h \in R$。沿着系统（6-2a）、系统（6-2b）、系统（6-2c）和系统（6-2d）的轨迹计算 $V(x, y, z, u)$ 的导数，则有式（6-51）。

$$\frac{1}{2} \frac{V(x,y,z,u)}{\mathrm{d}t} = -amx^2 - mb\left(y - \frac{1}{2b}\right)^2 - cmz - ku^2 + \frac{m}{4b}$$

$$(6\text{-}51)$$

很容易看出，对于 $m>0$、$a>0$、$b>0$、$c>0$ 和 $k>0$，$V(x,y,z,u)$ 是正定的，$\dfrac{V(x, y, z, u)}{\mathrm{d}t}$ 的二次方程是负定的，这表明 $V(x,y,z,u) = 0$。曲面 Γ 为式（6-52）：

$$\Gamma = \left\{ (x,y,z,u) \left| amx^2 + mb\left(y - \frac{1}{2b}\right)^2 + cmz + ku^2 = \frac{m}{4b} \right. \right\}$$

$$(6-52)$$

在四维空间中有一个椭球体，对于待定系数 σ，k，b，d，k，在 Γ 的外面 $\frac{V(x,y,z,u)}{dt} < 0$，在 Γ 的里面 $\frac{V(x,y,z,u)}{dt} > 0$。因此，系统（6-2a）、系统（6-2b）、系统（6-2c）和系统（6-2d）将达到它在 Γ 上的最终界限。

下面我们可以根据系统（6-2a）、系统（6-2b）、系统（6-2c）和系统（6-2d）使用 Lagrange 乘子法在 Γ 上得到 V 的最大值。可定义式（6-53）如下：

$$F = mx^2 + m(y-h)^2 + mz^2 + u^2 + \tau \left[amx^2 + mb\left(y - \frac{1}{2b}\right)^2 + \right.$$

$$\left. cmz + ku^2 - \frac{m}{4b} \right]$$

$$(6-53)$$

并且，

$$\frac{1}{2}F'_y = m(1 + a\tau)x = 0 \qquad (6-54a)$$

$$\frac{1}{2}F'_y = m\left[y + \tau\left(by - \frac{1}{2}\right) \right] = 0 \qquad (6-54b)$$

$$\frac{1}{2}F'_z = m(1 + c\tau)z = 0 \qquad (6-54c)$$

$$\frac{1}{2}F'_u = (1 + k\tau)u = 0 \qquad (6-54d)$$

$$\frac{1}{2}F'_\tau = amx^2 + mb\left(y - \frac{1}{2b}\right)^2 + cmz + ku^2 - \frac{m}{4b} = 0 \qquad (6-54e)$$

（1）当 $\tau \neq -\frac{1}{a}$，$\tau \neq -\frac{1}{c}$，$\tau \neq -\frac{1}{k}$ 时，有 $(x,y,z,u) = (0,$

$0,0,0)$ 或 $(0,\frac{1}{b},0,0)$，从而有式（6-55a）。

$$V(x,y,z,u)_{\max} = \frac{m}{b^2} \qquad (6\text{-}55a)$$

（2）当 $\tau = -\frac{1}{a}, \tau = -\frac{1}{c}, \tau = -\frac{1}{k}$ 和 $b \geq 2a$ 时，有：

$$(x,y,z,u) = (\pm\frac{1}{2}\sqrt{\frac{b-2a}{a(a-b)^2}}, \frac{1}{2(b-a)}, 0, 0)$$

从而有：

$$V(x,y,z,u)_{\max} = \frac{m}{4a(b-c)} \qquad (6\text{-}55b)$$

（3）当 $\tau = -\frac{1}{c}$，$\tau = -\frac{1}{a}$，$\tau \neq -\frac{1}{k}$ 和 $b \geq 2c$ 时，有：

$$(x,y,z,u) = (0, \frac{1}{2(b-c)}, \pm\frac{1}{2(c-b)}\sqrt{\frac{b-2c}{c}}, 0)$$

从而有：

$$V(x,y,z,u)_{\max} = \frac{m}{4a(b-a)} \qquad (6\text{-}55c)$$

（4）当 $\tau = -\frac{1}{c}$，$\tau \neq -\frac{1}{a}$，$\tau \neq -\frac{1}{k}$ 和 $b \geq 2c$ 时，有：

$$(x,y,z,u) = (0, \frac{1}{2(b-k)}, 0, \pm\frac{1}{2(k-b)}\sqrt{\frac{m(b-2k)}{k}}, 0)$$

从而有：

$$V(x,y,z,u)_{\max} = \frac{m}{4a(b-k)} \qquad (6\text{-}55d)$$

（5）当 $\tau = -\frac{1}{a}$，$a = k$，$k \neq c$ 和 $b \geq 2a$ 时，有：

$$(y,u) = (\frac{1}{2(b-a)}, 0), \quad x^2 + z^2 = \frac{b-2a}{4a(a-b)^2}$$

从而有：

$$V(x,y,z,u)_{\max} = \frac{m}{4a(b-a)} \qquad (6\text{-}55e)$$

（6） 当 $\tau = -\dfrac{1}{a}$，$a=c$，$k \neq c$ 和 $b \geq 2a$ 时，有：

$$(y, u) = \left(\frac{1}{2(b-a)},\ 0 \right) \text{ 和 } mx^2 + u^2 = \frac{m(b-2a)}{4a(a-b)^2}$$

从而有：

$$V(x,y,z,u)_{\max} = \frac{m}{4a(b-a)} \tag{6-55f}$$

（7） 当 $\tau = -\dfrac{1}{k}$，$a=k=q$，$k \neq a$ 和 $b \geq 2k$ 时，有：

$$y = \frac{1}{2(b-k)},\quad x^2 + z^2 = \frac{b-2a}{4a(a-b)^2}$$

从而有：

$$V(x,y,z,u)_{\max} = \frac{m}{4k(b-k)} \tag{6-55g}$$

（8） 当 $\tau = -\dfrac{1}{k}$，$a=c$，$k \neq c$ 和 $b \geq 2a$ 时，有：

$$(y,u) = \left(\frac{1}{2(b-a)}, 0 \right),\ u^2 + mx^2 + mz^2 = \frac{m(b-2k)}{4k(b-k)^2}$$

从而有：

$$V(x,y,z,u)_{\max} = \frac{m}{4k(b-k)} \tag{6-55h}$$

图 6-6 表明，在参数 $a=0.9$，$b=0.2$，$c=1.5$，$d=0$，$k=0.05$，$m=0.005$，且 $u=0$ 或 $x=0$ 时，得到相应的最终有界集和正向不变集 Ω。在图 6-6 中，由定理 6.4 得出边界估计是可行的。系统（6-2）的轨迹都在约束估计域内，其中图 6-6（a）是 (x, y, z) 空间和 $u=0$ 中的相图投影。图 6-6（b）是 (y, z, u) 空间和 $x=0$ 中的相图投影。系统（6-2）的轨迹全部处于估计边界的范围内。

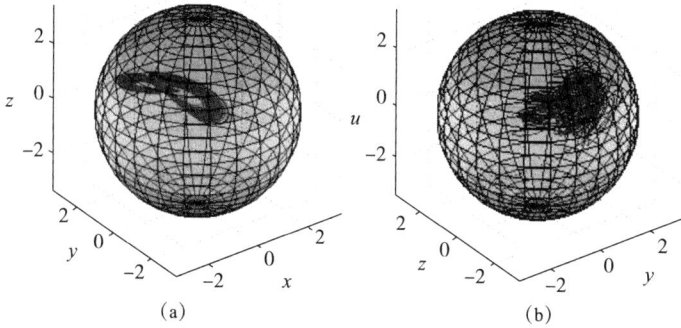

(a)　　　　　　　　　　(b)

图 6-6　系统 (6-2) 的相图

6.5　数值模拟

　　人们曾经采用各种办法研究非线性系统的动力学响应。周期响应可以通过几种传统标准来描述，如分叉图和相图表示。

　　下面利用分叉图和相图表示方法阐述金融系统周期运动的存在性，基于四维非线性金融系统 (6-2a)~系统 (6-2d) 进行了相关的数值模拟。使用 MATLAB 软件，模拟了金融系统中的非线性动力学行为。

　　图 6-1 中显示了四维金融系统 (6-2) 在初始条件 (0, 1, -0.5, 0) 和参数值为 $a = 0.9$，$b = 0.2$，$c = 1.5$，$d = 0.2$，$k = 0.05$，$m = 0.005$ 时的超混沌吸引子。图 6-1 (a) 是 (x, y, z) 空间和 $u = 0$ 中的相图，而图 6-1 (b) 是 (y, z, u) 空间和 $x = 0$ 中的相图。它表明，当相应的 Lyapunov 指数是 $L_1 = 0.03003$，$L_2 = 0.01448$，$L_3 = 0.0003$ 和 $L_4 = -1.2318$ 时，系统具有复杂的动力学行为。

图 6-2 意味着系统（6-2）当 $b \in [-1,1]$ 和 $m \in [-1,1]$，且参数值分别设置为 $a = 0.9$，$c = 1.5$，$d = 0.2$，$k = 0.05$ 时的分叉集，并且分叉集将空间划分为在分叉集上有三个解的三个分叉集，一个解在分叉集中和分叉集下无解，这是符合理论的结果。

图 6-3 说明了当 $a = 0.9$，$c = 1.5$，$d = 0.2$，$k = 0.05$，$m = 0.005$ 时的分叉曲线以及 Hopf 分叉点为 $b = 0.68$。

图 6-4 说明了当 $a = 0.9$，$c = 1.5$，$d = 0.2$，$k = 0.05$，$b = 0.2$ 时的分叉曲线以及 Hopf 分叉点为 $m = 0.21$。

图 6-5（a）显示当 $(a,c,d,k) = (0.9,1.5,0.2,0.05)$ 和 $b = 0.68$，不稳定平衡点 E_0 附近存在一个稳定的周期解。如图 6-5（b）所示，对于 $m = 0.49$，在不稳定平衡点 E_1 附近存在一个稳定的周期解。

图 6-6 显示当参数 $a = 0.9$，$b = 0.2$，$c = 1.5$，$d = 0$，$k = 0.05$，$m = 0.005$，并且 $u = 0$ 或者 $x = 0$ 时相应的最终约束和正向不变集为 Ω。系统（6-2）的轨迹全部处于估计边界的范围内，(x,y,z) 空间和 $u = 0$ 中的相图投影如图 6-6（a）所示，(y,z,u) 空间和 $x = 0$ 的相图如图 6-6（b）所示。

6.6 四维金融系统的电子电路设计与仿真

下面为了验证非线性混沌系统（6-2）的混沌动力学行为，我们采用电路实验软件工作平台，使用在示波器上设计的电子电路来应用 4D 超混沌金融系统。即通过使用电子电路设计及仿真来研究超混沌系统。

数值模拟和示波器输出得出了相似形状的相图（A. Akgul，2016）。4D 金融系统的电子线路采用 OrCAD-PSpice 设计。图 6-7 显示了该系统的电子电路原理图。在参数 $a = 0.9$，$c = 1.5$，$d =$

0.2，$k=0.05$，$m=0.005$ 和初始条件（0，1，-0.5，0）下，实现了 4D 金融系统的实验电子电路。选择 R1 = 443 Kohm，R2 = R7 = R9 = 400 Kohm，R3 = R6 = 40 Kohm，R4 = 6000 Kohm，R5 = 200 Kohm，R8 = 266 Kohm，R10 = R11 = R15 = R16 = 100 Kohm，R12 = 8000 Kohm，R13 = 800 Kohm，R14 = 20 Kohm，C1 = C2 = C3 = 1nF，C4 = 10 nF，Vn = −15 V，Vp = 15 V。

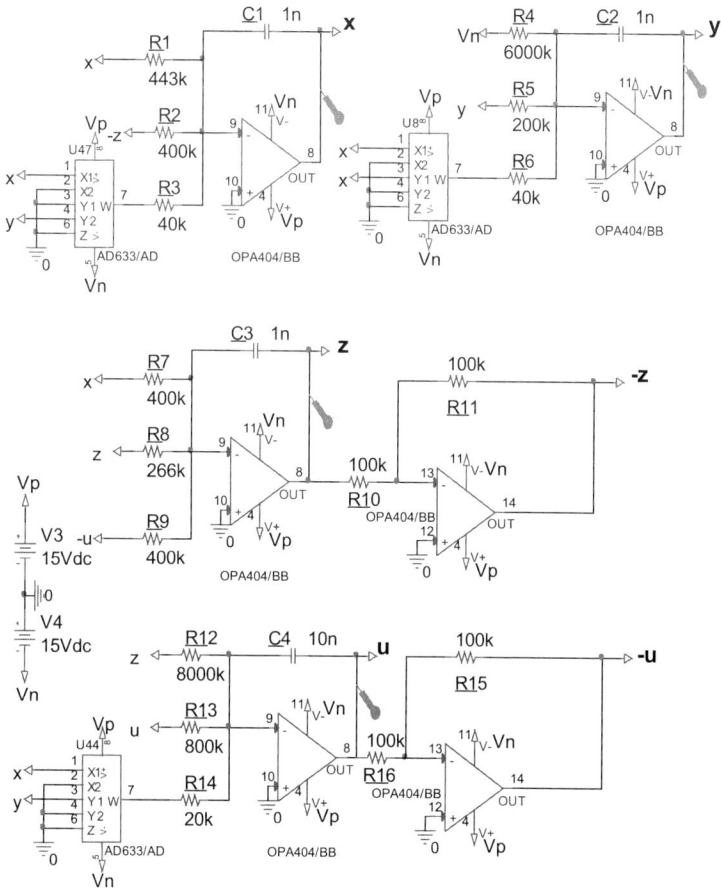

图 6-7 四维系统（6-2）的电子电路原理

在图 6-8 中，电子卡上的电子组件实现了四维金融系统的实时应用。在参数 $a = 0.9$，$c = 1.5$，$d = 0.2$，$k = 0.05$，$m = 0.005$ 时，四维金融系统的 ORCAD-PSpice 仿真输出和示波器输出如图 6-9 和图 6-10 所示。

（a）

（b）

图 6-8　超混沌电路的实验电路图

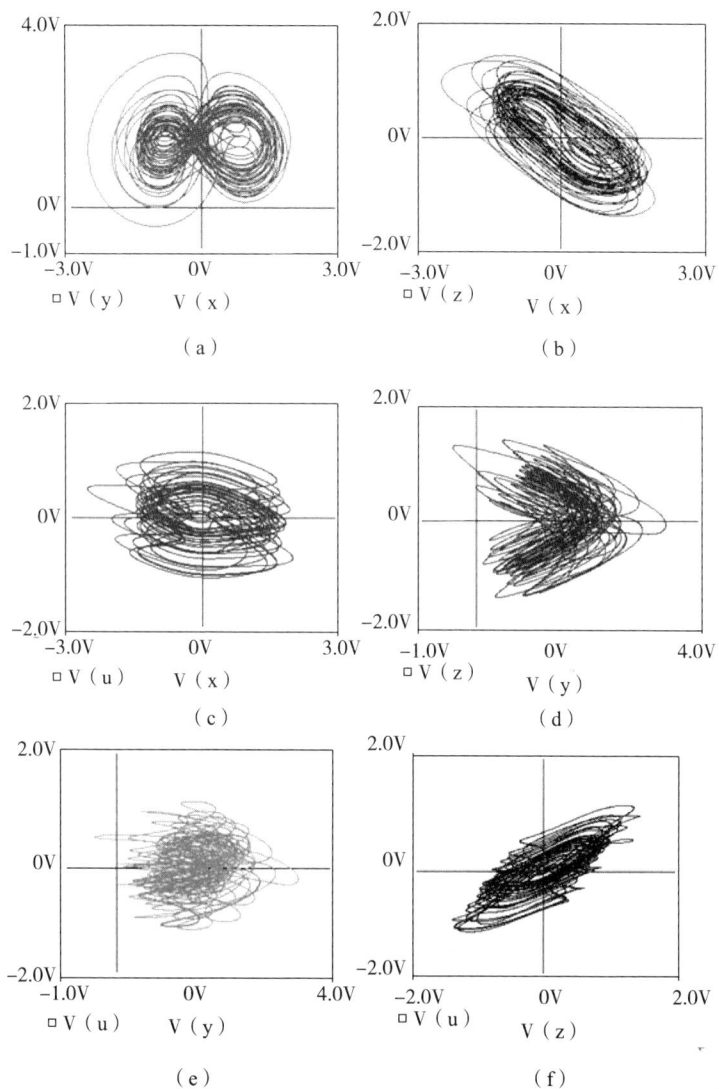

图 6-9　4D 金融系统 (6-2) 仿真输出

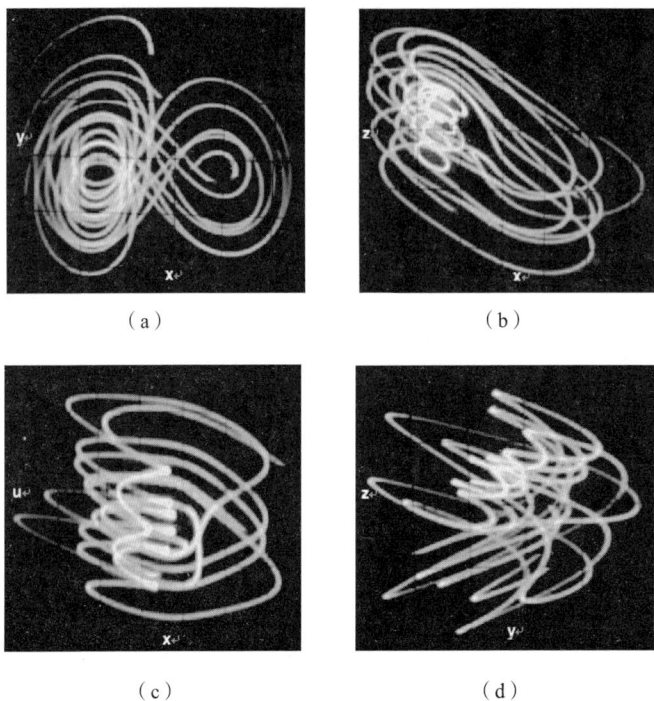

（a）　　　　　　　　　　　（b）

（c）　　　　　　　　　　　（d）

图 6-10　4D 金融系统（6-2）示波器输出

6.7　本章小结

　　本章中，在经典的三维金融系统基础上建立了具有反馈控制参数的四维金融系统，研究了系统中超混沌吸引子的范围、Hopf 分叉、正向不变集和电子电路的实现。从理论上导出了混沌和超混沌行为不存在的充分条件，并得到了平衡解。证明了每个平衡点的稳定性和 Hopf 分叉的存在性。然后，利用 Lyapunov 指数，展示并分析了周期解的存在性，研究了超混沌金融系统的最终边界条件和正向不变集，求出了确定分叉周期解的方向和稳定性的条件，并通过得到的一些数值解来验证理论结果。此外，超混沌金融系统还可以应用在实现电子电路的物理实验当中。通过本章的研究结果，我们可以理解金融政策的作用，揭示混沌吸引子的真正几何结构。但是该系统的全局动力学行为和几何结构没有完全被揭示，我们将在后续的工作中进行更详细的理论研究和数值模拟。

第**7**章

结论

　　本书主要针对几类经济问题的 Hopf 分叉、稳定性及非线性动力学特性进行了理论分析，并利用解析方法和数值方法验证了理论的正确性。在研究生态经济模型非线性动力学行为时，利用稳定性理论，将由交叉扩散引起的 Turing 不稳定条件首次用于捕食者—食饵经济捕获系统，并给出生态经济描述，通过理论分析和数值模拟得到平衡点渐近稳定的充分条件。同时用捕捞参数的变化来分析 Turing 斑图的选择，对生态平衡可持续发展有重要的理论意义。

　　在研究传染病模型非线性动力学行为时，利用稳定性理论，将由负交叉扩散系数引起的 Turing 不稳定的条件首次用于企业集群危机传播系统，并给出具体经济描述，通过理论分析和数值模拟得到平衡点渐近稳定的充分条件。同时用企业集群传染病系数的变化来分析 Turing 斑图的选择，对企业集群平衡可持续发展有重要的理论意义。

　　本书取得的研究成果及创新点有以下几个方面：

　　第一，利用稳定性理论给出了由交叉扩散引起的 Turing 不稳定的条件，并得到平衡点渐近稳定的充分条件。然后通过分支理论分析得到了系统 Turing 斑图的存在区域，利用稳定性理论和分支理论得到了 Hopf 分叉和 Turing 分支的条件，并通过 Hopf 分叉曲线和 Turing 分支曲线，得到 Hopf 分叉区域和 Turing 不稳定区域。此外，还对系统 Turing 斑图的生成和选择结果进行了数值模拟。最后对结论进行了生态经济解释。

第二，利用稳定性理论和 Hopf 分叉理论得到了 Turing 失稳的条件以及 Turing 斑图的存在区域，然后考虑在二维空间中参数对斑图构造的影响，得到了 Turing 失稳的区域。得出负交叉扩散效应对空间斑图的形成具有很大的影响，即负交叉扩散诱导出了规则斑图；得出了企业集群传染病交叉扩散系数对企业集群危机传播的影响。

第三，研究了一类基于企业集群危机传播的非线性动力学系统的丰富动力学特性。首先建立了一类四维复杂非线性自治系统的动力学模型。通过展示分叉图、相图、Lyapunov 指数、分数维、吸引子、功率谱和时间历程图等描述了动态系统的复杂动力学特点，由数值模拟得出系统能够产生超混沌、混沌、准周期和周期性行为现象。与混沌相比，超混沌具有更复杂多样的动力学行为。除此之外，还观察到参数的改变对四维自治系统的非线性特性有显著影响。

第四，利用泛函微分方程的中心流形定理与规范型理论，得到了判断分支周期解稳定性、分支方向与周期的公式，在局部分支存在的前提下，又利用全局分支存在性理论讨论了此系统的全局分支周期解的存在性。说明时滞反馈控制方法是一种有效的控制方法，并且时滞反馈控制方法不改变系统中原有的平衡点位置，从而可以保留原系统的一些特征。这也说明了泛函微分方程理论在控制领域也有至关重要的作用。

第五，利用中心流形定理与规范型理论，研究一类新的四维超混沌金融系统中的 Hopf 分叉、正向不变集和动力学特性。然后从理论上得到了混沌或超混沌行为不存在的充分条件，并利用 Lyapunov 指数对新超混沌金融系统进行数值证明，研究得到了四维 Hopf 分叉的数学特征值，介绍了最终界限和正向不变集。此外，还通过分叉图数值研究了系统的动力学性质。最后，使用电子电路和示波器实现了系统的工程意义。

本书研究了几类经济模型的动力学特性，但还有大量问题有待研究：

第一，在生态经济学中，物种的空间分布是重要的研究方向，种群的空间斑图动力学尚未被研究。

第二，利用生物经济学特点研究企业集群危机传播行为主体间非线性动力系统的特征。

第三，存在于四维超混沌金融系统中的同宿轨、异宿轨问题还没有得以解决。

第四，对于四维超混沌金融系统中混沌的产生机理还没有研究透彻。

参考文献

[1] A. Akgul and I. Pehlivan. A New Three-dimensional Chaotic System without Equilibrium Points, Its Dynamical Analyses and Electronic Circuit Application. Technical Gazette, 2016, 23 (1): 209-214.

[2] A. Akgul, H. Calgan, I. Koyuncu, I. Pehlivan and A. Istanbullu. Chaos-based Engineering Applications with a 3D Chaotic System Without Equilibrium Points. Nonlinear Dynamics, 2016, 84 (2): 481-495.

[3] A. Akgul, I. Moroz, I. Pehlivan and S. Vaidyanathan. A New four-scroll Chaotic Attractor and Its Engineering Applications. Optik-International Journal for Light and Electron Optics, 2016, 127 (13): 5491-5499.

[4] A. B. Alshin and E. A. Alshina. A New Two-stage Rosenbrock Scheme for Differential-algebraic Systems. Mathematical Models and Computer Simulations, 2011 (3): 604-618.

[5] A. Turing. The Chemical Basis of Morphogenesis. Philos. Trans. R. Soc. B., 1952 (237): 37-72.

[6] B. D. Hassard, N. D. Kazarinoff and Y. H. Wan. Theory and Applications of Hopf Bifurcation. Cambridge University Press, 1981.

[7] C. Andrew. The Theory and Practice of Financial Stability. De Economist, 1996 (144): 531-568.

［8］ C. Cantore and P. Levine. Getting Normalization Right: Dealing with "Dimensional Constants" in Macroeconomics. Journal of Economic Dynamics & Control, 2012, 36 (2): 1931-1949.

［9］ C. Du, Y. Liu and W. Huang. A Class of Three-dimensional Quadratic Systems with Ten Limit Cycles. International Journal of Bifurcation and Chaos, 2016, 26 (9): 149-165.

［10］ C. G. Li, Y. Z. Pei and A. S. Xia. Periodic Solution of Delay Predator-prey System with Impulsive Effects. Journal of Biomathematics, 2013 (28): 605-611.

［11］ C. Joha. Financial Stability as a Policy Goal. Bank of Canada Technical Report, 2003 (95): 3-4.

［12］ C. Kind. Remarks on the Economic Interpretation of Hopf Bifurcations. Economics Letters, 1999 (62): 147-154.

［13］ C. Liu, Q. L. Zhang, Y. Zhang and X. Duan. Bifurcation and Control in Differential-Algebraic Harvested Prey-predator Model with Stage Structure for Predator. International Journal of Bifurcation and Chaos, 2008 (18): 3159-3168.

［14］ C. Ma and X. Y. Wang. Hopf Bifurcation and Topological Horseshoe of a Novel Finance Chaotic System. Communications in Nonlinear Science & Numerical Simulation, 2012, 17 (2): 721-730.

［15］ D. Hu and H. Cao. Stability and Bifurcation Analysis in a Predator-prey System with Michaelis-Menten Type Predator Harvesting. Nonlinear Analysis: Real World Applications, 2017 (33): 58-82.

［16］ D. Li, X. Q. Wu and J. Lu. Estimating the Ultimate Bound and Positively Invariant Set for the Hyperchaotic Lorenz-Haken System. Chaos Solitons and Fractals, 2009 (39): 1290-1296.

［17］ D. U. Yan and X. U. Rui. Pattern Formation in Two Classes of SIR Epidemic Models with Spatial Diffusion. Chinese Journal of Engineering Mathematics, 2014 (31): 454-462.

[18] F. C. Zhang, Y. L. Shu, H. L. Yang and X. W. Li. Estimating the Ultimate Bound and Positively Invariant Set for a Synchronous Motor and Its Application in Chaos Synchronization. Chaos Solitons & Fractals, 2011 (44): 137-144.

[19] F. Zhang and Y. Li. Stability and Hopf Bifurcation of a Delayed-diffusive Predator-prey Model with Hyperbolic Mortality and Nonlinear Prey Harvesting. Nonlinear Dynamics, 2017 (88): 1397-1412.

[20] G. Q. Sun, C. H. Wang and Z. Y. Wu. Pattern Dynamics of a Gierer-Meinhardt Model with Spatial Effects. Nonlinear Dynamics, 2017, 88 (2): 1385-1396.

[21] G. Q. Sun. Mathematical Modeling of Population Dynamics with Allee Effect. Nonlinear Dynamics, 2016 (7): 1-12.

[22] G. Sun, Z. Jin and Q. Liu. Pattern Formation in a Spatial S-I Model with Non-linear Incidence Rates. Journal of Statistical Mechanics Theory & Experiment, 2007 (11): 110.

[23] G. Zampieri. On the Existence of Analytic Solutions of Differential-algebraic Systems at the Boundary of Convex-sets. Bollettino Della Unione Matematica Italiana, 1988 (12): 763-778.

[24] H. J. Yu, G. L. Cai and Y. X. Li. Dynamic Analysis and Control of a New Hyperchaotic Finance System. Nonlinear Dynamic, 2012 (67): 2171-2182.

[25] H. S. Gordon. The Economic Theory of a Common Prooerty Resource: The Fishery. Bulletin of Mathematical Biology, 1991 (53): 231-252.

[26] H. Y. Zhao, X. B. Zhang and X. X. Huang. Hopf Bifurcation and Spatial Patterns of a Delayed Biological Economic System

with Diffusion. Applied Mathematics and Computation, 2015 (266): 462-480.

[27] J. A. Holyst and K. Urbanowicz. Chaos Control in Economical Model by Time-delayed Feedback Method. Physica A, 2012, 287 (3-4): 587-598.

[28] J. A. Ramirez and C. I. Valdez. Modeling Stock Market Dynamics Based on Conservation Principles. Physica A: Statistical Mechanics and Its Applications, 2001 (301): 493-511.

[29] J. G. Jian, X. L. Deng and J. F. Wang. Globally Exponentially Attractive Set and Synchronization of a Class of Chaotic Finance System. ISNN Part I: LNCS, 2009, 5551 (3): 253-261.

[30] J. H. Ma and H. L. Tu. Analysis of the Stability and Hopf Bifurcation of Money Supply Delay in Complex Macroeconomic Models. Nonlinear Dynamics, 2014, 76 (1): 497-508.

[31] J. H. Ma and Y. J. Yang. Hyperchaos Numerical Simulation and Control in a 4 Dhyperchaotic System. Discrete Dynamics in Nature and Society, 2013.

[32] J. H. Ma and Y. S. Chen. Study for the Bifurcation Topological Structure and the Global Complicated Character of a Kind of Nonlinear Finance System (I). Applied Mathematics and Mechanics, 2001, 22 (11): 1375-1382.

[33] J. H. Ma, Y. Q. Cui and L. X. Liu. Hopf Bifurcation and Chaos of Financial System on Condition of Specific Combination of Parameters. Journal of Systems Science and Complexity, 2008, 21 (2): 250-259.

[34] J. H. Yang, E. L. Zhang and M. Liu. Bifurcation Analysis and Chaos Control in a Modified Finance System with Delayed Feedback. International Journal of Bifurcation and Chaos, 2016 (6): 1-14.

［35］J. Li，G. Q. Sun and Z. Jin. Pattern Formation of an Epidemic Model with Time Delay. Physica A Statistical Mechanics and Its Applications，2014（403）：100-109.

［36］J. P. Shi，Z. F. Xie and K. Little. Cross-diffusion Induced Instability and Stability in Reaction-diffusion System. Journal of Applied Analysis and Computation，2011（1）：95-119.

［37］J. Sotomayor，L. F. Mello and D. C. Braga. Bifurcation Analysis of the Watt Governor System. Computational & Applied Mathematics，2007，26（1）：19-44.

［38］J. Yang，E. Zhang and M. Liu. Bifurcation Analysis and Chaos Control in a Modified Finance System with Delayed Feedback. International Journal of Bifurcation & Chaos in Appiedi Science & Engineering，2016，26（6）：105-165.

［39］J. Zhou. Bifurcation Analysis of a Diffusive Predator-prey Model with Ratio-dependent Holling Type III Functional Response. Nonlinear，2015（81）：1535-1552.

［40］J. Z. Wang，Q. Zhang，Z. Q. Chen and H. Li. Local Bifurcation Analysis and Ultimate Bound of a Novel 4D Hyper-chaotic System. Nonlinear Dynamics，2014，78（4）：2517-2531.

［41］K. Belkhodja，A. Moussaoui and M. A. A. Alaoui. Optimal Harvesting and Stability for a Prey-predator Model. Nonlinear Analysis：Real World Applications，2018（39）：321-336.

［42］K. H. Bae，G. A. Karolyi and R. M. Stulz. A New Approach to Measuring Financial Contagion. Review of Financial Studies，2003，16（3）：717-763.

［43］K. Ishiyama and Y. Saiki. Unstable Periodic Orbits and Chaotic Economic Growth. Chaos，Solutions and Fractals，2005，26（8）：33-42.

[44] K. Pyragas. Continuous Control of Chaos by Self-controlling Feedback. Physics Letters A, 1992, 170 (6): 421-428.

[45] K. Pyragas. Control of Chaos Via an Unstable Delayed Feedback Controller. Phys. Rev. Lett, 2001, 8 (6): 2265-2268.

[46] L. Fanti and P. Manfredi. Chaotic Business Cycles and Fiscal Policy: An IS-LM Model with Distributed Tax Collection Lags, Chaos, Solitons and Fractals, 2007, 32 (3): 736-744.

[47] L. N. Guin. Existence of Spatial Patterns in a Predator-prey Model with Self and Cross diffusion. Applied Mathematics & Computation, 2014, 226 (1): 320-335.

[48] L. O. Chua, M. Hasler and G. S. Mocshytz. Autonomous Cellular Neural Networks: A Unified Paradigm for Pattern Formation and Active Wave Propagation. IEEE Transactions on Circuits and System I: Fundamental Theiry and Applications, 1995 (42): 557-559.

[49] L. P. Song and R. P. Zhang. Pattern Dynamics of a Spatial Epidemic Modeal with Time Delay. Appl. Math. Comput, 2017 (292): 390-399.

[50] L. Zhang and P. Hong. Qualitative Analysis of Ratio-dependent Holling-Tanner Model. Journal of Mathematical Analysis & Applications, 2007, 334 (2): 954-964.

[51] M. Althoff and B. H. Krogh. Reachability Analysis of Nonlinear Differential - algebraic Systems. Automatic Control and IEEE Transactions, 2014 (59): 371-383.

[52] M. H. Xu, Y. Wei and J. J. Wei. Bifurcation Analysis of Rossler System with Multiple Delayed Feedback. Electronic Journal of Qualitative Theory of Differential Equations, 2010 (63): 1-22.

[53] M. Prakash and P. Bala. Stability and Hopf Bifurcation Analysis of Novel Hyperchaotic System with Delayed Feedback

Control. Complexity, 2016, 21 (6): 180-193.

［54］M. Sambath, K. Balachandran and M. Suvinthra. Stability and Hopf Bifurcation of a Diffusive Predator-prey Model with Hyperbolic Mortality. Complexity, 2016 (21): 34-43.

［55］M. Szydlowski and A. Krawiec. The Kaldor-kalecki Model of Business Cycle as a Two-dimensional Dynamical System. Journal of Nonlinear Mathematical Physics, 2001 (8): 266-271.

［56］M. Xiao and J. Cao. Hopf Bifurcation and Non-hyperbolic Equilibrium in a Ratio-dependent Predator-prey Model with Linear Harvesting Rate: Analysis and Computation, Mathematical & Computer Modelling, 2009 (50): 360-379.

［57］Q. Gao and J. H. Ma. Chaos and Hopf Bifurcation of a Finance System, Nonlinear Dynamics, 2009, 58 (1): 209-216.

［58］Q. Liu and Z. Jin. Formation of Spatial Patterns in Epidemic Model with Constant Removal Rate of the Infectives. Journal of Statistical Mechanics, 2007 (34): 18-24.

［59］Q. O. Yang. Nonlinear Science and the Pattern Dynamics Introduction. Peking University Press, 2010.

［60］Q. Q. Zheng and J. W. Shen. Pattern Formation in the FitzHugh-Nagumo Model. Computers & Mathematics with Applications, 2015 (70): 1082-1097.

［61］R. Day. Lrregular Growth Cycles. American Economic Review, 1982 (72): 406-414.

［62］S. Dadras and H. R. Momeni. Four-scroll Hyperchaos and Four-scroll Chaos Evolvedfrom a Novel 4D Nonlinear Smooth Autonomous System. Physics Letters A, 2010 (374): 1368-1373.

［63］S. O. Cha. The Relationship between Developed Equity Markets and Pacific Basin's Emerging Equity Markets. International Review of Economics & Finance, 2000, 9 (4): 299-322.

[64] S. Ruan and J. Wei. On the Zero of Some Transcendential Functions with Applications to Stability of Delay Differential Equations with Two Delays, Dyn. Contin. Discrete Impuls Syst. Ser. A, 2003 (10): 863-874.

[65] T. K. Kar. Selective Harvesting in a Prey-predator Fishery with Time Delay. Mathematical and Computer Modellling, 2003 (38): 449-458.

[66] V. Volterra. Fluctuations in the Abundance of a Species Considered Mathematically. Nature, 1926 (188): 558-560.

[67] W. C. Chen. Dynamics and Control of a Financial System with Time-delayed Feedbacks. Chaos Solitons and Fractals, 2008, 37 (4): 1198-1207.

[68] W. C. Chen. Nonlinear Dynamics and Chaos in a Fractional-order Financial System. Chaos Solitons Fractals, 2008, 3 (6): 1305-1314.

[69] W. M. Wang, H. Y. Liu, Y. L. Cai and Z. Q. Li. Turing Pattern Selection in a Reaction - diffusion Epidemic Model. Chinese Physics B, 2011 (20): 286-297.

[70] X. A. Zhang, L. S. Chen and A. U. Neumann. The Stage-structured Predator - prey Model and Optimal Harvesting Policy. Mathematics Biosciences, 2000 (168): 201-210.

[71] X. D. Zhang, X. D. Liu, Y. Zheng and C. Liu. Chaotic Dynamic Behavior Analysis and Control for a Financial Risk System. Chinese Physics B, 2013, 22 (3): 030509.

[72] X. Li and R. Wu. Dynamics of a New Hyperchaotic System with Only One Equilibrium Point. Journal of Mathematics, 2013: 1-9.

[73] X. L. Zheng and X. L. Meng. Study on a Non - autono-

mous Predator-prey Dispersion-delay Model with Beddington-de An-gelis Functional Response. Journal of Biomathematics, 2014 (29): 231-247.

[74] X. S. Tang and Y. L. Song. Cross-diffusion Induced Spatio-temporal Patterns in a Predator-prey Model with Herd Behavior. Nonlinear Analysis: Real Word Applications, 2015 (24): 36-49.

[75] X. S. Zhao, Z. B. Li and S. Li. Synchronization of a Cha-otic Finance System. Applied Mathematics and Computation, 2011, 217 (13): 6031-6039.

[76] X. Wang, W. Wang and G. Zhang. Vegetation Pattern Formation of a Water Biomass Model. Communications in Nonlinear Science & Numerical Simulation, 2017 (42): 571-584.

[77] X. Y. Song and L. S. Chen. Optimal Harvesting and Stability for a Two-species Competitive System with Stage Structure. Mathematical Biosciences, 2001 (170): 173-186.

[78] Y. Feng and Z. Wei. Delayed Feedback Control and Bifur-cation Analysis of the Generalized Sprott B System with Hidden Attra-ctors. The European Physical Journal Special Topics, 2015 (224): 1619-1636.

[79] Y. F. Shao, P. L. Li and G. Q. Tang. Dynamic Analysis of an Impulsive Predator-prey Model with Disease in Prey and Ivlev-type Functional Response. Abstract and Applied Analysis, 2012 (25): 1-16.

[80] Y. Li. Dynamics of a Delayed Diffusive Predator - prey Model with Hyperbolic Mortality. Nonlinear Dynamics, 2016 (85): 2425-2436.

[81] Y. Song, R. Yang and G. Sun. Pattern Dynamics in a Gier-er - Meinhardt Model with a Saturating Term. Applied Mathematical

Modelling, 2017（46）: 476-491.

[82] Y. Su, J. J. Wei and J. P. Shi. Hopf Bifurcations in a Reaction - diffusion Population Model with Delay Effect. Differential Equations, 2009（247）: 1156-1184.

[83] Y. T. Ding and J. Cao. Bifurcation Analysis and Chaos Switchover Phenomenon in a Nonlinear Financial System with Delay Feedback. International Journal of Bifurcation and Chaos, 2015, 25 (12): 155-165.

[84] Y. T. Ding, W. H. Jiang and H. B. Wang. Delayed Feedback Control and Bifurcation Analysis of Rossler Chaotic System. Nonlinear Dynamics, 2010（61）: 707-715.

[85] Y. Wang and Y. H. Zhai. Chaos and Hopf Bifurcation of a Finance System with Distributed Time Delay. Int. J. of Appl. Math. and Mech, 2010, 6（20）: 1-13.

[86] Y. Wang, J. Wang and L. Zhang. Cross Diffusion - induced Pattern in an SI Model. Applied Mathematics and Computation, 2010, 217（5）: 1965-1970.

[87] Y. Wang, Y. Lin and L. Zhang. Complex Patterns in a Predator-prey Model with Self and Cross-diffusion. Communications in Nonlinear Science and Numerical Simulation, 2007（16）: 2006-2015.

[88] Z. C. Wei. Delayed Feedback on the 3 - D Chaotic System only with Two Stable Node-foci. Computers and Mathematics with Applications, 2012（63）: 728-738.

[89] Z. C. Wei, I. Moroz, Z. Wang and T. Kapitaniak. Dynamics at Infinity, Degenerate Hopf and Zero-hopf Bifurcation for Kingni-Jafari System with Hidden Attractors. International Journal of Bifurcation and Chaos, 2016, 26（7）: 1650125.

[90] Z. C. Wei, V. T. Pham, T. Kapitaniak and Z. Wang. Bifur-

cation Analysis and Circuit Realization for Multiple-delayed Wang-Chen System with Hidden Chaotic Attractors. Nonlinear Dynamic, 2016 (85): 1635-1650.

[91] Z. Wei and W. Zhang. Hidden Hyperchaotic Attractors in a Modified Lorenz-Stenflo System with Only One Stable Equilibrium. International Journal of Bifurcation and Chaos, 2014, 24 (10): 127-145.

[92] Z. Wei, P. Yu, W. Zhang and M. H. Yao. Study of Hidden Attractors, Multiple Iimit Cycles from Hopf Bifurcation and Boundedness of Motion in the Generalized Hyperchaotic Rabinovich System. Nonlinear Dynamics, 2015 (82): 131-141.

[93] 柏灵, 李晓月等. 捕食—食饵系统的两种群同时捕获的最优化问题. 东北师大学报 (自然科学版), 2001, 33 (1): 1-5.

[94] 柏灵, 王克. 具周期系数的竞争系统最优周期捕获策略. 东北师大学报 (自然科学版), 2005 (3): 125-127.

[95] 陈云, 王浣尘, 沈惠璋. 电子商务零售商与传统零售商的价格竞争研究. 系统工程理论与实践, 2006 (1): 35-41.

[96] 崔瑜. 金融市场风险交叉传染机制与防控策略研究——基于医学 SIRS 传染病模型. 南方金融, 2017 (2): 3-13.

[97] 丁洁玉, 张文明, 詹世革, 孟庆国, 张伟. 第五届全国动力学与控制青年学者学术研讨会介绍. 力学进展, 2012, 42 (1): 91-97.

[98] 范猛, 王克. 价格随供求关系变化的捕获问题. 生物数学学报, 2001 (16): 411-415.

[99] 郭英佳. 若干生物学和传染病模型的动力学研究. 吉林大学出版社, 2015.

[100] 胡绪华, 陈丽珍, 吕魁. 基于传染病模型的集群内异质企业间知识传播机理分析与仿真. 运筹与管理, 2015, 24

（3）：248-257.

[101] 黄登仕，李后强．非线性经济学的理论和方法．四川大学出版社，1993.

[102] 敬石心，高海音．具有线性收获率的捕食—食饵扩散系统的捕获．长春大学学报，2001，11（1）：30-32.

[103] 李静，王美娟，易成林．价格随供求变化的竞争扩散系统捕获模型．上海理工大学学报，2004（4）：301-307.

[104] 李坤花，裴利军．时滞耦合 Lorenz-Rossler 系统的 Hopf 分岔和广义同步．郑州大学硕士学位论文，2010.

[105] 李响，吴然超．几类混沌系统的分支研究．安徽大学硕士学位论文，2013.

[106] 李晓月，柏灵，杨帆，范猛，王克．离散的互惠生态系统的最优捕获策略．生物数学学报，2002（3）：334-340.

[107] 李新政，白占国，李燕．双层非线性耦合反应扩散系统中复杂 Turing 斑图．物理学报，2013，62（22）：49-55.

[108] 李秀玲，魏俊杰．具时滞的四维神经网络模型的分支问题研究．东北师范大学博士学位论文，2005.

[109] 刘厚业，王玮明．一类传染病模型的振幅方程．科学技术与工程，2010，10（8）：1929-1933.

[110] 刘会民，张树文，张玉娟，范猛，王克．临界退偿系统的捕获优化问题．生物数学学报，1998（4）：3-5.

[111] 刘利，李东英．一类生物经济模型的动态行为．科技信息，2010（3）：296-301.

[112] 刘淄，王顺庆．浸润稳定性与生态稳定性．生物数学学报，2009（26）：657-664.

[113] 鲁红英，王克．具周期系数的单种群模型及其最优捕获策略．数学物理学报，2005（25）：926-932.

[114] 罗荣桂，江涛．基于 SIR 传染病模型的技术扩散模型

的研究．管理工程学报，2006（1）：32-35．

［115］马源源，庄新田．股市中危机传播的 SIR 模型及其仿真．管理科学学报，2013，16（7）：80-94．

［116］马知恩，周义仓．常微分方程定性与稳定性方法．科学出版社，2001．

［117］庞春媛．供应链违约风险传染模型及控制策略研究．长安大学硕士学位论文，2015．

［118］孙柳亚．基于传染病模型的企业集群危机传播机理研究．长春工业大学硕士学位论文，2017．

［119］孙有发，郭旭冲，梁肖肖等．现实复杂情形下的 SIRS 型传染病模型及其控制策略．系统仿真学报，2010，22（1）：195-200．

［120］唐晓栋．多反馈反应扩散系统斑图动力学研究．中国矿业大学博士学位论文，2014．

［121］唐毅南，陈平．群体动力学和金融危机的预测．经济研究，2010，45（6）：53-65．

［122］田晓彦，黄东卫，郭永峰．一类改进的含分布时滞金融系统的动力学分析．天津工业大学学报，2012，31（3）：81-85．

［123］王静，王克．具有年龄结构的单种群模型单一捕获的优化问题．东北师大学报（自然科学版），2003，35（2）：1-6．

［124］王志强，王书玲，吴然超．时滞 Lorenz-like 系统的 Hopf 分岔研究．重庆工商学报，2015，32（2）：11-16．

［125］徐昌进，唐先华．时滞微分方程的 Hopf 分支的时域与频域分析．中南大学博士学位论文，2010．

［126］杨纪华，马旭，张二丽，李艳秋．双时滞 Mackey-Glass 系统的稳定性和 Hopf 分支．西北师范大学学报，2015，51（3）：7-13．

［127］杨秀香．离散系统的捕食—食饵两种群同时捕获的最

优化问题．工程数学学报，2004（1）：81-85.

[128] 俞美华．食饵种群具有 Smith 增长的一类捕食系统的经济捕获模型．高师理科学刊，2015，35（10）：28-32.

[129] 张道祥，赵李鲜，胡伟．一类三种群食物链模型中交错扩散引起的 Turing 不稳定．山东大学学报（理学版），2017，52（1）：88-97.

[130] 张道祥，赵李鲜，孙光讯．一类带负交叉扩散项二维系统的空间 Turing 斑图．吉林大学学报（理学版），2017，55（3）：537-546.

[131] 张玉娟．具有常数收获率的竞争扩散系统的研究．生物数学学报，1999（4）：3-5.

[132] 张玉娟，刘会民，张树文，范猛，王克．竞争系统的两个种群同时进行捕获的优化问题．生物数学学报，1998（4）：3-5.

[133] 赵洪涌，袁静岚，胡文．时滞控制神经网络的稳定性和 Turing 斑图结构．控制理论与应用，2013，30（3）：296-306.